KB242787

행정정책기획론

행정정책기획론

한만봉 지음

머리말

이 책은 대학에서 강의를 위하여 집필되었다. 행정학과, 정책학과, 공무원학과, 경찰행정학과, 경영학과, 교육학과 학생들이 알아야 할 기획의 기본적인 책이다. 즉 실질적인 도움을 주기 위해 알기 쉽게 만들어졌다. 정치학 행정학 분야에서 다루고 있지만, 지금까지는 대부분의 책들은 원론적 수준을 뛰어넘거나 내용이 방대하여 읽는 순간부터 지루함과 부담을 느끼는 책들이 대부분이다.

이 책은 정치학, 경제학, 행정학, 교육학, 기획학을 두루 넘나드는 포괄적인 교재이다. 한마디로 희망의 기획학이라고 할 수 있다. 젊은이들에게 비전과 꿈과 소망을 심어주며 학문으로서만의 책이 아니라 현장교육, 현실적용의 살아 있는 책인 것이다. 이 책은 학문의 기본적인 내용을 포괄적으로 다루는 데 중점을 두고 있다. 전공 분야를 전공하지 않은 사람들까지 이 책을 읽음으로써 어렵지 않게 전문가가 될 수 있게 배려를 하였다. 다만 내용을 개괄적으로 다루다 보니 각 학문에서 필히 다루어야 할 부문들을 누락시킨 점도 없지 않다. 또한 내용 및 전개상 여러 부분들을 국내외 학계, 전문가의 이야기들을 요약 발췌한 부문이 있다. 그러나 독창적인 아이디어로 예화, 적용을 통해 재미있게 접근함은 필자의 독창성임을 밝혀둔다.

한 권의 책을 만들고 난 후의 느낌은 좀더 잘 만들 걸 하는 후회함이 조금 있게 된다. 그러나 미흡한 부문들은 앞으로 계속 보완해 나가 세계에 두루 사용되는 책으로서 손색이 없도록 만들겠다. 끝으로 이 책이 출판되기까지 물심양면으로 도움을 주신 분들께 감사를 표한다. 특히 세밀하게 출판관계의 모든 면을 챙겨주신 강태우 선생님과 한국학술정보 사장님께 감사를 드린다. 또한 이론적 근거를 찾아주고 도움을 주신 연 선생님과 교정을 봐준 상희 선생님, 현아 선생님에게도 감사를 표한다. 또한 저술관계로 집안을 제대로 돌보지 않았음에도 너그러이 봐준 최선희 왕비마마에게도 이 자리를 빌려 감사의 마음을 전한다. 아무쪼록 본 책을 통하여 국민 모두가 하나가 되어 보다 재미있고, 유익하며, 활기차고, 크게 배우는 효과적인 민중교육의 좋은 결실이 이 책을 통하여 이루어졌으면 하는 바람이다.

2006년 12월 저자 한만봉 씀

목 차

제1장 기획의 본질 ·· 9

　Ⅰ. 기획의 의의 ··· 10

　Ⅱ. 기획의 정의에 대한 관점 ······································ 36

제2장 기획에 대한 사례 ··· 77

　Ⅰ. 목적과 대상 집단 ··· 78

　Ⅱ. 구성과 체제 ··· 79

　Ⅲ. 기획과 기획단계 ··· 80

제3장 기획집행에 영향을 미치는 요인 ···················· 145

　Ⅰ. 기획집행체제의 내적 요인 ································· 146

　Ⅱ. 기획집행체제의 외적 요인 ································· 147

　Ⅲ. 기획의 평가 ··· 148

　Ⅳ. 미래예측의 의의 ··· 150

　Ⅴ. 미래예측기법의 선정 ·· 155

　Ⅵ. 기획집행과 통제 ··· 157

　Ⅶ. 기획의 이념 ··· 161

　Ⅷ. 기획과 참여 ··· 169

　Ⅸ. 기획평가 ··· 174

　Ⅹ. 지속가능 기획 ··· 187

　Ⅺ. 정책과 기획의 상호 연관성 ································ 192

　Ⅻ. 기획에 있어서 정책결정 관계 ···························· 197

　ⅩⅢ. 모형별로 본 정책결정 ·· 198

　ⅩⅣ. 기획서 만들기 ··· 202

　ⅩⅤ. 행정기획에 대한 단언 ·· 210

제 1 장

기획의 본질

Ⅰ. 기획의 의의

1. 기획의 본질

기획이라는 말은 학자에 따라 다양하게 말하여지고 있으나 행정정책 기획은 그 나름대로의 가치를 가지고 있다. 이에 대한 것을 먼저 살펴보도록 하겠다.

개인적 차원의 기획은 : 자신의 행동을 통하여 보다 훌륭하고 뛰어난 성과를 얻기 위한 지혜, 또는 지혜를 활용한 창조행위를 말한다.

조직적 차원의 기획은 : 조직의 활동을 통하여 실적을 향상하기 위한 지혜, 또는 지혜를 활용한 창조행위를 말한다.

1) 기획의 개념에 대한 견해

귤릭(Gulick)은 말하기를 : 사업을 위해 설정된 목표를 달성하기 위해 수행되어야 할 일과 이것을 수행하기 위한 방법들을 개괄적으로 창출해 내는 것이라고 밝히고 있다.

밀렛(Millet)은 말하기를 : 인간이 가지고 있는 최선의 가능한 지식을 공공분야에서 공신력을 띄고 있는 사업의 추진을 위하여 체계적이고, 계속적이며, 선견적으로 적용하는 것이라고 밝혔다.

워터톤(Waterston)은 말하기를 : 특정한 목표를 달성하기 위하여 이용가능한 미래의 방법·절차를 의식적으로 개발하는 과정이라고 밝혔다.

※ 관련 용어를 살펴보면 다음과 같다.

planning : 기획, plan은 기획의 결과로 나타난 산물, 즉 기획서

programming은 사업계획, 그 결과인 program은 사업계획서.

project는 세부사업계획서, 이것을 짜는 과정은 projecting.

2) 기획의 개념에 포함된 요소

- 행동 전의 사고로서 목표를 설정하며 한계점을 査定한다.
- 집행하여야 할 구체적인 행동과 수단에 대한 특수한 목표로 명확히 한다.
- 정부 단위나 기관이 미래의 특정한 시기에 추구할 것을 결정하는 목표로 일체화한다.
- 정의된 그리고 동의된 목표를 달성하는 데 조직의 활동에 대하여 조정을 촉진시킨다.
- 미래의 사건을 예측하려 하며, 그리고 변화의 충격을 감소시킨다.
- 낭비와 중복을 최소화한다.
- 대안에 대한 미래평가와 그러한 대안을 현실화하는 방법의 제안에 연계된다.
- 통제를 촉진시키는 표준화를 조절한다.
- 효용극대화와 비용을 최소화하기 위한 행동을 합리적으로 선택하는 행동 및 반영을 위한 정책결정이 요구되는 엄격한 과정이다.

3) 종 합

기획이란 여러 가지 정보를 종합하여 목표의 달성을 위한 여러 가지 대안을 모색하고 그중에서 최적의 대안을 선택하는 미래지향적이고 지속적이며 능동적인 의사결정 과정으로서 동태적, 연역적인 관리과정을 말한다.

기획의 의의와 본질

기획의 의의

기획의 개념

- 일반적으로 planning은 기획, 그 결과로 나타난 산물인 plan은 기획서, 그리고 programming은 사업계획, 그 결과로 나타난 산물인 program은 사업계획서, 그리고 project는 세부사업계획서로 각각 번역하여 사용.
- 기획이란 여러 가지 정보를 종합하여 목표의 달성을 위한 여러 가지 대안을 모색하고 그중에서 최적의 대안을 선택하는 의사결정을 구체화하는 미래지향적이고 지속적이며 능동적인 과정.

---

2. 기획의 유사개념

1) 기획과 계획

- 기획은 계획을 수립하고 집행하는 과정, 계획은 기획을 통해 산출되는 결과를 말한다.
- 기획은 절차와 과정을 의미하는 반면, 계획은 대체로 문서화된 활동

목표와 수단을 말한다.

이를 표로 이해하기 쉽게 설명하면 다음과 같다.

〈企劃과 計劃〉

기 획	계 획
• 장래활동에 대한 사전결정 및 준비과정 • 합리성 및 지식의 최대한의 활용을 위한 지적 과정 • 기획의 가치와 목적은 이상의 고취와 사회적 선의 증진 • 보다 다각적인 각종의 요소를 포함 • 이성적, 적응적 사고 • 행정관리의 제 요소 • 평가와 환류(feedback) • 장래에 대한 불연속성의 제거	• 설계된 것을 실행하려는 방법 • 과정으로서 어떤 것을 하려는 방법 • 실행을 위한 구체적 프로그램의 정교하고 체계적인 과정 • 전반적인 설계 혹은 목표를 위한 부분적 준비 • 구체적 행동계획 또는 프로그램 • 제안된 과정수행 방법

2) 기획과 정책

- 기획 : 어떤 사업을 위하여 설정된 목적을 달성하기 위하여 장래를 내다보고(looking ahead), 선택을 하며(making choices), 설정된 목적·목표를 달성하기 위한 수단을 강구하며(arranging actions), 설정된 목적·목표에 의해 얻어진 결과에 일정한 한계를 설정(setting limits)하는 것이다.
- 정책 : 정부기관에 의해 만들어지는 미래지향적인 행동지침으로서 공익을 달성하는 것을 목적으로 하는 것을 말한다.

※ 기획과 정책은 현상으로서 동일하며, 다만 용도에 차이가 있다.
   - 기획은 정책보다 장기적인 시계(longtime span)를 가진다.
   - 기획과 정책은 다 같이 이상적인 목표를 가지고 있으나 기획은 창

조적 목표를 지닌 반면, 정책은 치료적 목표를 지닌다.
- 기획은 장기적이고 포괄적인 것으로 청사진적인 성격이 강하여 실현가능성이 낮다.

3) 사업계획과 세부사업계획

- 사업계획(program): 비교적 크고 복합적인 계획을 말한다.
- 세부사업계획(project): 세부 사업계획의 수준에서 수립되는 계획을 말한다.

4) 발전계획

- 계획적 · 의도적으로 사회변동을 유도하고 관리하는 지도촉진적인 정책과 계획 및 전략을 의미한다.

5) 모형(Model)

- 실제로 혹은 이상적으로 모방할 가치가 충분히 있는 것으로서 정책 및 기획의 수립에 긴요한 수단으로 활용한다.
- 이론과 실제를 바탕으로 어떤 함수관계를 규명하여 모형을 설정하고, 특정한 목표의 달성과 관련된 예측자료를 제시함으로써 정책수립에 기여하며, 이러한 정책들을 재정적인 조건 및 추진전략들과 결합시킨 것이 곧 기획이다. 모형자료들을 제대로 잘 활용하면 그 기

획은 실현가능한 기획이 되며 현실이 되는 것이다.

6) 체제분석

- 정책분석(policy analysis): 정당성·당위성 차원의 분석으로서 정책의 기본목표나 방향과 관련된 분석을 하며, 질적·정치적·사회적 요인분석을 통하여 정책목표의 최적화를 위해 포괄적·거시적 분석을 한다.
- 체제분석(system analysis): 실현가능한 정책대안의 결정으로서 부분적 최적화를 추구하는 경제적 분석으로서 상위차원의 정책문제 및 정책대안의 비용·효과 분석을 한다. 얼마나 체계적이냐가 기획의 현실성과 관련이 있다.
- 관리과학(operations research)은 능률적인 달성방법(how)으로서 수단의 최적화를 추구하는 가장 하위차원의 분석으로 관리결정의 계량적 기법을 활용한다. 관리적 합리성과 타당성의 측면에서 다루어지는 것이다.

기획과 체제분석의 상대적 차이

기 준	기 획	체제분석
지향성(orientation)	예방적(preventive)	교정적(remedial)
대상(objects)	복합적 문제(multilateral)	단일적 문제(unilateral)
조망(perspective)	장기적	단기적
준거(criteria)	논리적 일관성 (logical consistency)	비용 / 편익분석 (C / B analysis)
활용기법	덜 계량적	더 계량적

7) 예 측

- 예측 : 통계적 개연성과 확률을 활용하여 발생가능성이 과학적 근거
  에 의하여 파악되는 개념이다. 여기서의 예측은 미래예측을 말한다.
- 기획 : 미래지향성을 지니고 있지만 인간이 추구하고자 하는 목표가
  내포하면서 인위적·작위적 특성을 지닌다.

※ 미래예측 방법을 알아보면 다음과 같다.

미래를 예측하는 데 쓰이는 방법은 여러 가지가 있다. 미래학이 아직 체계적으로 확립된 학문이 아니기 때문에 고유의 기법을 가지고 있는 것이 아니라 미래예측에 도움이 되는 다른 사회과학이나 자연과학에서 쓰이는 유용한 기법은 모두 미래예측의 기법이 될 수 있다고 해도 과언이 아니다. 그중에 가장 많이 쓰이는 기법을 살펴보면 다음과 같다.

흔히 사용되는 기법이 귀납적 추론에 의하여 추세를 발견하고 이를 미래예측에 활용하는 기법이다. 이것은 더 이상의 설명을 요하지 않는다. 자유토론 기법이 있다. 각 분야의 전문가가 한자리에 모여 자유로운 토론을 주고받는 가운데 미래에 관한 전망을 종합해 내는 기법으로 기본적으로 직관적 예측방법에 따른 것이다. 주로 연구 초기에 전반적인 상황을 조망하고 연구주제를 구체화하거나 과제를 추출하는 단계에서 널리 사용된다. 전문가 의견조사 기법이 있다. 여러 분야 전문가들의 의견을 조사하고 이들의 의견을 조정, 종합함으로써 미래에 대한 전망을 합의해 내게 한다. 이 경우 설문지를 통하여 의견을 조사하고 조정하기 때문에 불필요한 시간낭비를 막고 영향력 있는 소수에 의한 의사결정이 이루어지는 것을 막을 수 있다는 장점이 있다. 시나리오 기법이 있다. 영화촬영을 할 때 시나리오를 만들고 이에 따라 촬영을 하듯이 미래에 나타날 가능성이 있는 대안들을 찾아 각각의 전개 과정을 추정하는 기법이다. 예를 들어서 개인의 미래나 20년 후의 석유상

황이 어떻게 될지에 대해서 가능한 미래 상황을 각각 시나리오로 작성해 보고 거기에서 나타날 문제점 등을 예상해 보는 방법이 되겠다.

의사결정 나무와 임무흐름 다이어그램이 있다. 미래는 다양한 가능성 중의 하나이며 오늘의 어떤 선택이 미래에 영향을 미치게 된다. 그러므로 이런 다양한 선택의 결과 나타나는 미래의 가능성을 그림으로 나타내 보여주는 기법들이라 할 수 있다. 그 외에 교차영향 분석, 모의실험, 게임, 시스템 공학 등의 기법이 있다.

8) 행정과 계획

- 행정 : 일상적인 사업계획의 과정을 관리하는 것이기 때문에 주로 체제유지활동 내지는 제도화되기 이전의 체제변화요소에 관심을 갖는다.
- 계획 : 체제변화 과정에 정보를 제공하는 데 관계하고 정치적 질서를 포함함. 또한 계획은 앞선 제안을 하는 것이고 기존의 정치와 제도가 이를 실현하도록 하는 것이다.

학　　　자	정　　　의
Chadwick	인간이 장래에 관해서 미리 사고하는 과정
Newman	무엇을 할 것인가를 사전에 결정하는 대단히 광범위한 인간행태
Stone	장래의 경영을 가능한 한 정확하게 예측하고 통제하려는 신중히 준비된 노력
Koonts & O'Donnell	여러 대안 중에서 목표, 예산, 절차 및 사업계획 등을 선택하는 관리자의 기능
Merriam	국가정책을 결정함에 있어서 사회적 예지를 활용하려는 조직적인 노력

학 자	정 의
Waterston	국가발전목표를 효율적으로 달성하기 위한 수단
Dror	보다 나은 수단으로 목표를 달성하기 위하여 장래의 행동에 관한 일단의 결정을 준비하는 과정
Waldo	인간생활에 과학을 활용함으로써 목적을 구현하는 수단
Friedmann	인간이 공동의 장래를 설계하려고 노력하는 활동이며 사회적 선을 증진

3. 기획의 기능 및 용도 : 피프너(Pfiffner)와 셔우드(Sherwood)

1) 문제해결 과정설

기획이란 객관적·과학적·이성적 차원에서 문제를 파악하고 거기에 대한 해결을 위한 과정을 말한다.

2) 관리기능설

기획을 행정관리의 첫 번째 과정으로 인식하여, 관리기능 단계별로 볼 때 가장 핵심적인 위치의 단계를 말한다.

※ **규릭(Gulick)의 최고관리자들이 필요로 하는 기능 POSDCoRB**
  ① 기획(Planning) : 정해진 목표나 정책의 합리적 운용을 위한 사전

준비활동
② 조직화(Organizing): 인적·물적 및 정보를 편제하는 과정
③ 인사충원 및 총무(Staffing)
④ 지휘(Directing)
⑤ 조정(Coordinating)
⑥ 보고(Reporting)
⑦ 예산(Budgeting)

3) 국가발전 구도설

- 기획의 기능을 적극적인 관점에서 이해한다. 국가적 차원의 광의의 개념을
  지칭한다. 그러나 이러한 기획은 정책과 연관이 될 때 더 빛을 발한다.
- 기획의 국가목적 및 공익을 실현시키기 위한 기능을 말한다.

학 자	정 의
Simon	장래를 위한 제안, 제안된 대안들에 대한 평가, 그리고 장래의 통제 등에 적용되는 합리적 적응적 사고
Pfiffner & Presthus	보다 나은 결정을 하기 위한 수단
Davidoff & Reiner	일련의 선택을 통해서 적절한 장래 행위를 결정짓는 과정
Faludi	정책결정에 과학적인 방법을 응용하는 것
Gulick	사업을 위해 설정된 목적을 달성하기 위하여 수행되어야 할 방법을 응용하는 것
Smith	사고하는 인간들이 그것을 통해서 목표를 설정하고, 그 목표를 달성하는 가장 단순하고 자연스러운 과정
국가자원위원회	인간이 갖고 있는 최선의 지식을 공공분야 내에서 공통점을 띠고 있는 사업을 추진하는 데 체계적이고 계속적이며 선견성 있게 적용하는 것

4. 기획의 필요성

1) 기획의 필요성

- 국가목표의 구체적 실현 : 사회목적의 구체화를 위한 수단으로서 목
  표성취행정의 출발점이 된다.
- 행정기능은 그 자체가 기획을 필요로 함 : 기획에 의해서 행동지침
  이 확립되지 않는다면 필요불가결한 제반 행정활동 간에 유기적인
  조화를 유지할 수가 없는 것이다.
- 변동관리의 수단으로서 기획이 필요 : 행정이 스스로 사회의 변혁과
  정을 기획화하는 것이다.
- 합리적 협동행위는 기획을 필요로 함 : 각 구성원 간의 분담된 업무
  의 통일적 목적실현을 위한 목적과 수단의 연쇄관계형성은 적절한
  기획을 통해서 가능하다.

2) 기획의 특성

(1) 미래지향성
(2) 목표지향성
(3) 의사결정과정 : 가장 합리적인 수단을 모색하는 과정을 말한다.
(4) 계속적 준비과정을 말한다.
(5) 합리적 과정 : 합리적 과정이지만 가치관 내지 무형적 요인이 관련
    되는 경우가 많다.
(6) 국민의 동의 · 지지획득의 수단 : 기획과정에 널리 사회의 이익이나

지식·기술을 흡수 내지 반영시킴으로써 국민의 동의 내지 통치의
정당성 확보가 가능하다.
(7) 정치적 성격 : 대폭적 변동이나 변동을 억제시키는 작용을 하기 때
  문에 대립적 이익의 조정이 필요하게 되고 목표설정이나 기준설정
  에도 정치적 대립이 불가피하다.

3) 企劃의 本質과 重要性

(1) 本 質

① 하나의 連續的 過程 : 지속적인 선택과 의사결정의 과정, 계획은
  그 최종산물이다.
② 準備過程 : 일단의 체계적 결정, 즉 계획을 준비하는 과정.
③ 一國의 體系的 決定 : 상호 의존적, 시간적 순서가 정연하고 체
  계적 연관성을 가지는 제 결정의 모체, 또는 기반이 된다.
④ 行動指向性 : 행동 또는 집행을 위한 것이다.
⑤ 未來指向性 : 미래를 예측하고 대안을 모색, 단순한 미래예측과
  는 구별된다.
⑥ 目標指向性 : 설정된 목표를 효율적으로 달성하기 위한 것이다.
⑦ 最適手段提示 : 최소의 자원으로 최적의 수단을 제시한다.

기획의 유사개념

1) 기획과 계획

기획은 계획을 수립하고 집행하는 과정, 계획은 기획을 통해 산출되는 결과이다.

2) 기획과 정책

기획과 정책은 현상으로 동일하며, 다만 용도에 차이가 있다고 보는 것이 타당한 해석이다.

- 기획은 정책보다 장기적인 시계(longtime span)를 가진다.
- 기획과 정책은 다 같이 이상적인 목표를 지니고 있으나 그중에서도 기획은 창조적인 목표를 지닌다고 보는 반면에 정책은 치료적인 목표를 지니고 있다.
- 기획은 장기적이고 포괄적인 것으로 청사진(blue print)적인 성격이 강하며 정책보다는 실현가능성이 낮다는 점 등을 들고 있다.

---

(2) 企劃의 重要性과 效用性

① 指揮의 手段

조직의 목표를 달성하기 위한 전략적 요소를 제시한다.

② 未來에의 對備

관리자의 특정행동 코스를 결정하는 시간을 단축한다.

③ 合理性의 提高

최적대안의 선택을 통해 경비절약, 낭비요인 제거한다.

④ 效果的 成果測定

⑤ 可用財源의 效率的 活用

⑥ 全體的 運營狀況의 明確한 把握

⑦ 效果的 統制의 手段

모든 조직단위 활동에 대한 체계적 심사분석의 기준이 된다.

5. 기획의 한계

1) 기획과정상의 한계

(1) 기획목표설정의 갈등과 계량화의 곤란이 존재한다.

(2) 정확한 미래예측·가정설정이 곤란하다.

(3) 신축성이 결여되어 있다. 다시 수정하여 변경하려면 전면적 조정이 필요하다. 신축성 있는 기획으로 변하려면 예비 계획을 세워 점차적인 검증을 해 나가야 한다. 그리하여 실행 가능한 것을 찾아가야 한다.

(4) 창의성의 저해 : 사업계획, 표준운영절차 등 일정한 기준과 절차에 의해 집행되므로 개인의 판단과 창의성을 발휘할 여지를 축소시킨다.

(5) 비용과 시간상의 제약이 있다.

(6) 기획에 대한 인식부족이 존재한다.

(7) 반복적 사용의 제한 : 사회현상은 반복되지 않기 때문이다.

(8) 정보·자료의 부족 : 비공개, 왜곡이 되기 쉽다.

(9) 기획의 그래샴의 법칙 : 일상적인 업무나 수단이 쇄신적 기획활동을 몰아내는 현상, 즉 정형적·루틴화된 업무와 활동에 몰두하거나 선호하여 통찰력과 창의력을 요하는 쇄신적·비정형적인·비구조화된 기획을 등한시하는 경향이 존재한다.

(10) 자원의 제약과 환경의 불안정

2) 기획에 대한 행정상의 한계

(1) 불합리한 인사관리가 있다.

(2) 번잡한 행정절차가 존재한다.

(3) 회계제도·재정통제 : 회계제도의 미발달과 지나친 재정통제가 있다.

(4) 조직상의 문제 : 무원칙적인 행정기관의 확대와 설치 및 난립으로 인한 조정 곤란과 중복, 마찰과 할거주의가 존재한다.

(5) 조정의 결여가 있다.

(6) 기획의 경직성 및 수정의 곤란성 : 상황은 수시로 변하는 데 반해 한번 결정된 기획안은 경직성을 가지고 있고, 이해 당사자 간의 조정 곤란 등 수정이 용이하지 않은 경우가 대부분이다.

6. 기획의 발달과정

1) 기획제도의 전개과정

- 기획은 현대행정의 특징이며 산물, 19세기까지 무계획시대, 20세기는 계획시대라고 해도 과언이 아니다.
- 광의의 입장에서 보면 가장 오래된 기획은 도시기획이며, 그 역사는 고대까지 거슬러 올라간다.
    - 그리스 로마시대의 도로 및 광장의 계획에 의한 건설, 기원전 4세기 아리스토텔레스가 주장한 도시계획, 기원 1세기에 매몰된 폼페이시 도로계획을 볼 수 있다.
    - 우리나라 역대 왕조의 왕도의 건설계획이 있다.
- 그러나 고대나 중세의 도시기획과 현대의 그것과는 목적과 수단상 큰 차이

- 기획은 2차 세계대전 전까지만 하더라도 소련의 점유물 아니면 나
  치 독일과 같은 전체주의 국가의 특이한 제도로 인식, 그러나 오늘
  날은 대부분의 국가가 기획제도를 채택한다.

(1) 제2차 세계대전 전의 기획제도

- 일반적으로 국가기획(national planning)의 기원은 소련의 제
  1차 5개년 계획
  - 소련은 제2차 세계대전 이전에 체계적·종합적인 계획을 수립
    한 유일한 국가
  - 1929년 제1차 5개년 계획에서부터 1985년까지 11차 5개년 계
    획 수립 추진, 소련의 경제성장에 크게 기여하여 주변국에도 파
    급된다.
- 터키 : 1934년 1월 제1차 5개년 계획
- 나치 독일 : 1933년 제1차 4개년 계획
- 인도 : 1938년 Nehru를 위원장으로 하는 국가기획위원회 설치,
  경제발전을 위한 국가기획 수립을 볼 수 있다.

(2) 제2차 세계대전 후의 기획제도

- 제2차 세계대전 후 전후의 부흥과 발전을 위하여 국가기획제도를
  최초로 확립한 국가는 프랑스이다.
- 1947년 산업근대화 4개년 계획을 실시하여 1961년까지 3차에 걸
  친 근대화설비계획(흔히 Monnet plan)을, 1962년부터 1972년
  까지 10년간 2차에 걸친 경제사회발전계획 수립을 볼 수 있다.
- 미국은 제2차 세계대전 중 전시동원을 위한 기획을 수립·실천하기
  위해 전시동원청(Office of War Mobilization)을 설치하였다.
- 유럽제국은 Marshall plan에 의거 각종 발전계획을 수립, 집행

한 역사가 있다.
- 제2차 세계대전 후 대부분의 발전도상국들이 경제발전을 위한 계획 수립 추진
- 미국이 가장 늦게 국가기획제도를 도입 : 기획과 민주주의의 양립 가능성에 대한 논쟁 때문이다.
  ● 파이너(양립가능)와 하이에크(양립불가)의 논쟁을 들 수 있다.

(3) 우리나라의 기획제도

- 1962년 착수한 경제개발 5개년 계획으로 본격화되었다.
- 1948년 국무총리 직속하에 기획처 설치 : 재정·산업·경제 물자 등 여러 분야에 걸친 종합계획 작성, 1954년 대통령 직속으로 변경되었다.
- 1955년 기획처 폐지, 부흥부 신설, 1961년 건설부로 대치
  ● 종합부흥계획의 수립
  - 1961년 7월 경제기획원 설치 : 1996년까지 제7차 5개년 계획 마무리되었다.

7. 企劃에 대한 論爭

1) 第2次 世界大戰前의 企劃論爭

(1) 展開過程

경제행위를 보는 관점에 따라 자본주의 체제와 사회주의 체제로 양립되어

있었다.

(2) 스미스의 見解

- Adam Smith의 "보이지 않는 손(Invisible hand)"
- 정부의 시장개입은 필요 최소한으로, 즉 개인이나 기업에 의해 공급되지 않는 사업에 국한하였다.
- 야경국가

(3) 막스의 見解

- K. Marx의 경제관 : 헤겔의 변증법과 포이에르바하의 유물론에 입각하였다.
- 생산수단이 부의 배분에 있어서 중요한 역할을 하는데 자본가들이 생산요소를 소유하여 노동자를 착취하므로 노동자들이 생산요소를 점유하여 계획적으로 생산하고 분배해야 한다고 주장하였다.
- 1917년 러시아혁명, 1930년 서구의 경제대공황

(4) 미제스 및 랑게의 見解

- 폰 미제스(R von Mises) : 사회주의 체제에서 경제적 합리성은 논리적으로 불가능하다.
- 랑게(O. Lange) : 자원의 최적배분은 중앙집권적 계획자집단의 통제에 의한 사회주의 체제에서만 가능하다.
- 목표에 의한 경제성장
- 완전고용의 달성
- 균형적인 소득분배
- 자원의 낭비 방지 : 한계비용과 가격의 일치를 통해 나타난다.
- 새로운 기술의 도입, 혁신에 대한 거부감, 환경변화에 능동적 대응 곤란

(5) 市場干涉主義 見解

- 1930년 경제대공황 - 시장의 실패
- J. M. Keynes의 일반이론 : 유효수요(Effective Demand) 정부개입
- 혼합경제체제 탄생하였다.

2) 第2次 世界大戰後의 企劃論爭

(1) 展開過程

- 1944 자유방임주의적 경제학자 하이에크(F. A. Hayek); 노예에로의 길(The Road to Serfdom)
- 1945 파이너(H. Finer) : 반동에로의 길(The Road to Reaction)
- 트루먼 대통령의 경제기획, 루스벨트 대통령의 뉴딜정책

(2) 奴隷에로의 길

의식적 사회통제를 위험시, 국가기획과 개인의 자유는 양립할 수 없다고 주장하였다.

- 자유경쟁만이 자유의 근원
- 정부권력의 필연적 부패
- 생산수단이 하나의 수중에 장악되면 민주적 자유는 상실
- 기획은 곧 사회주의, 시회주의는 곧 집산주의 즉 나치즘, 파시즘
- 국가의 기본임무는 경쟁의 촉진
- 공동의 선은 국민대중 속에서 찾아야 한다.
- 사회보장도 최소화
- 민주주의는 목적이 아니라 수단
- 기획은 독재를 초래

(3) 反動에로의 길

자유와 기획의 양립 주장

- 시민의 권리를 향유하면서 성공적 기획이 얼마든지 가능
- 다수가 공인하는 결함에 대한 구제책 강구의무
- 민주주의의 현실적 결과
- 하이에크는 국가권력의 원천인 국민을 불신
- 법치의 본질에 대한 오해
- 자유정부는 기획을 통해 국민공동의 이익과 발전의 길을 제시해야
- 책임정치 : 국민의 자유와 공공복리의 증진

(4) 밀레트의 見解

기획이 공산정권의 통치기술로 활용된 것은 사실이지만 그렇다고 해서 모든 비공산국가에서도 기획을 사용하지 말아야 된다는 것은 아니다.

(5) 經濟開發論의 見解 : A. Lewis, W. Leontief

전후 각국이 가용재원의 효율적 배분 필요성 직면. 특히, 신생독립국가의 경제적 재건을 위해 기획은 필수적이다.

(6) 新市場主義者의 見解 : M. Friedman

시장의 역할 강조. 정부의 시장에 대한 간섭은 신축적이지 못하고 부담만 초래한다.

3) 기획의 발달요인

① 도시기획의 발전 : 급격한 산업화, 도시화에 따른 도시기획의 발전

② 1929년의 경제대공황

③ 제2차 세계대전의 경험

④ 기획의 선행조건이 되는 사회과학의 발달

⑤ 신생국가의 발전계획

⑥ 소련 등 공산주의 경제개발계획의 영향

(1) 기획관의 변천

① 수단적·기계적 기획관

- OR, 선형계획, 게임이론과 전후의 응용수학의 발달, 체제분석의 발전 및 컴퓨터의 발전에 따른 대량정보처리 기술 및 수단의 발달에 따라 등장
- 논리적 실증주의에 입각하여 기획의 기능을 외부에서 수립된 목표를 달성하기 위한 객관적 수단을 강구하는 것에 국한한다.
  - 논리적 실증주의 : 존재와 당위, 사실과 가치를 엄격히 구별하고, 가치판단적인 것(정책결정)과 사실판단적인 것(집행결정)을 구분하여 사실판단적인 것에 한정시켜야 한다는 입장이다.

② 규범적·창조적 기획관

- 1960년대와 1970년대에 대두되었던 신행정론의 입장에서 사회적 형평성, 인본주의적 철학, 윤리 등을 강조하는 규범적 이론으로 기획이란 정치적 절충에 의한 각 집단의 이해의 조정, 당위적인 가치판단에 의한 목표의 선택이 불가피하며 오히려 그것이 바람직하다고 보는 견해.

(2) 기획과 민주주의

- 국가기획에 대한 하이에크(Hayek)와 파이너(Finer) 간의 논쟁

- 하이에크의 『노예에로의 길』(The Road to Serfdom)：국가기획과 자유의 양립불가론
- 파이너의 『반동에로의 길』(The Road to Reaction)：기획과 자유의 양립 가능하다.
- 1945~1975년 서구의 복지국가의 황금기
  - 국가의 적극적인 개입에 의하여 자유를 보완
- 미국의 뉴딜정책：많은 반대가 있었지만 경제위기를 극복하는 원동력

(3) 기획은 왜 하는가

① 기획의 존재이유

ⓐ 기획과 시장

- 왜 계획을 세우는가
  - ⇒ 사회가 언제, 어떠한 상황에서 의도적인 행동을 취해야 하는가에 관한 물음으로 귀착
- 기획과 시장은 합리적 형태의 사회조직이며, 시장은 개인의 부족함과 욕구를 전달하는 효율적인 기구일 뿐만 아니라 불확실하고 변화하는 여건에 매우 잘 적응할 수 있지만, 사회가 현재의 권력이나 자원의 분배 그리고 참여기회를 수용하지 않는다면, 시장은 사회전체의 가치관을 반영하는 계획된 의사결정에 의해 보완되어야 한다.
- 즉, 기획은 지적인 사고(합리적 분석)와 사회적 교호작용(정책결정 과정에서 어떤 것을 효과적으로 투입하기 위해서 필요하다고 제시한, 기획가가 처해 있는 정치적 상황에 대한 인식과 상호 작용) 간의 하나의 혼합물이다.

ⓑ 권위와 전문성

- 기획은 기획가에 의해서 실행되는 것은 아니며 그럴 필요도 없음.
- 전문기획가들에게 기획을 맡기는 이유는 합법성의 전제 아래 합리

성이라는 도구를 이용하여 공익을 달성하기 위해서이다.
- 기획이 지니는 권위의 근원은 전문직업인으로서 기획가의 가치관이
  며, 기획은 가치가 내재된 업무이다.

② 기획의 범위와 한계

ⓐ 기획의 필요성

- 민간부문 : 불확실성을 감소시키며 개연성을 제고하고, 복잡한 행
  동에 대처하기 위하여 기획이 존재한다.
- 공공부문 : 합리적인 집단행동을 하기 위하여
  - 공공치안의 유지, 외적인 마찰의 감소, 공공복지의 유지

ⓑ 기획의 범위

- 미래의 바람직한 소망과 현실 간의 분별 있는 균형을 위해서 기획
  의 한계를 알아야 한다.

ⓒ 기획의 한계

- 기획은 미래지향성으로 인하여 불확실성 그 자체가 기획에 본질적
  인 한계를 지니고 있으나 기획과정에서 나타나는 세 가지 유형의
  불확실성이 있다.
  (1) 기획의 원인과 결과를 연결하는 경험적 또는 이론적 지식의 제한.
  (2) 제도적인 체제와 조직 환경, 그리고 기획과정의 결과에 어떻
      게 반응하는가에 대한 불확실성이 있다.
- 기획가가 소속한 조직과 그 밖의 다른 관련된 조직들에 대한 지식
  의 부족과 조직 상호간 어떻게 상호 작용하는가를 정확히 예측할
  수 있는 능력이 부족하다.
  (3) 급속한 사회변화는 미래의 가치 및 목적을 예측 곤란하게 한다.
- 사람들의 가치관, 목적, 목표의 불안정성 등.

③ 기획상의 애로 및 제약성(권영찬 외)

  1) 장래예측의 곤란성
  2) 기획에 대한 인식부족
  3) 기술과 지식의 부족
  4) 심리적 장애 – 당면문제의 긴급성
  5) 시간적 제약
  6) 비용의 과중
  7) 반복적 사용의 제한
  8) 비융통성
  9) 개인적 창의성의 위축

(4) 기획의 제약성(김수영)

  ① 기획수립상의 제약요인 : 미래예측의 곤란, 자료·정보의 부족 및 부정확성, 비용의 과중, 시간의 제약, 계획목표의 갈등을 말한다.

  ② 기획집행상의 제약요인 : 비융통성, 반복적 사용의 제한, 자원배분의 비효율성, 계획집행에 대한 관계자의 저항, 개인적 창의성의 위축을 말한다.

  ③ 행정적 제약요인 : 기획담당자의 능력부족, 조정의 결여, 번잡한 행정절차, 회계제도·재정통제의 비효율성, 정치적 불안정, 행정조직의 비능률성을 말한다.

8. 문제점과 전망

1) 기획가의 업무, 자화상, 그리고 가치관

- 대부분의 기획가들은 정책에 대한 창도자라기보다는 선거에 의해 선출된 행정관의 참모나 기술자문으로 인식하고, 합리적인 기획·종합기획이 다원적인 사회와 양립할 수 있다고 생각한다.
- 이를 극복하는 방법은 각자의 역할을 기술자 또는 정치가로서 특화하거나 아니면 양자를 겸비하는 것이다.
- 기획가가 지니고 있는 가치관은 절대적이라기보다는 상대적이다.
  - 주어진 상황에서 어떤 특정문제에 따라서 행하는 전술, 역할, 그리고 정치적 성향 등이 영향을 미친다.

2) 기획의 현재와 미래

- 기획은 사회를 위해 봉사하는 도구, 따라서 쓰는 사람의 마음과 가치관에 따라 달라진다.
- 향후 기획의 필요성은 점차 커질 것이다.
  - 사회가 점점 복잡, 다양해지고, 불확실해질수록 기획의 필요성은 증대될 것이다.
- 미래의 기획가들은 철저한 책임감과 경험에서 체득한 자신들의 약점에 대한 자각을 바탕으로 보다 효과적인 기획을 수행할 수 있을 것이다.

기획의 발달과정

1. 기획제도의 전개과정

행정의 역사는 정부의 역사와 같다.

기획의 역사도 고대로 소급할 수 있다. 가장 오랜 역사를 지닌 것으로 흔히 도시기획을 들고 있다.

제2차 세계대전 이전까지만 하더라도 소련의 점유물 아니면 나치 독일과 같은 전체주의 국가의 특이한 제도로 인식되고 있었다.

현대국가가 기획제도를 채택하게 된 동기

① 낙후된 경제를 근대화시키고 국민의 생활수준을 높은 수준으로 향상
② 정치이념의 구현을 위한 수단
③ 적국의 침략에 대비하여 자국의 국방태세를 완비

1) 제2차 세계대전 이전의 기획제도
일반적으로 국가기획(national planning)의 기원은 소련의 제1차 5개년 계획
1985년까지 소위 제11차 5개년 계획을 수립 추진

2) 제2차 세계대전 이후의 기획제도
국가기획제도를 최초로 확립한 국가는 프랑스
프랑스는 1947년에 산업근대화 4개년 기획을 실시하여 1961년까지 3차에 걸친 근대화 설비계획(흔히 'Monnet plan'이라 호칭되고 있음)을 실시
1962년부터 1972년까지 10년간 2차에 걸친 경제·사회발전 계획
미국은 국가기획제도의 도입이 가장 늦은 국가 중의 하나
1929년에 시작된 대공황을 극복하기 위하여 뉴딜(New Deal) 정책을 전개
종합적이고 지속적인 국가기획제도는 1965년 PPB를 도입

3) 우리나라의 기획제도
현대적 기획제도가 우리나라에 도입 시행된 시기는 1960년대 초

Ⅱ. 기획의 정의에 대한 관점

기획(planning)이란 무엇을 의미하는가의 정의에 대하여는 학자마다 관점을 달리하고 있으나 그 내용에 따라 다음과 같이 두 가지 관점으로 대별될 수 있다.

(1) 관리기능의 한 단계: 전통적 기획관

기획을 관리기능의 한 단계로 보는 견해가 있다. L. Gulick, D. C. Stone, H. Koontz와 C. O'Donnell 등이 대표적인 학자들이다. 기획의 정의에 대하여 Gulick은 "어떤 사업의 설정된 목적을 달성하기 위하여 수행하여야 할 일과 방법을 개괄적으로 짜내는 것"이라고 정의하고[1] POSDCORB 과정 중 첫 단계에 놓았다. 관리기능 중 가장 중요한 기능이라는 뜻이다. 또한 Stone은 "장래를 가능한 한 정확하게 예측하고 통제하려는 신중히 준비한 노력"으로 정의하며,[2] Koontz와 O'Donnell은 "여러 대안 중에서 목표·예산·절차 및 사업계획 등을 선택하는 관리자의 기능"이라고 정의한다.[3]

이러한 견해를 가진 사람들은 대부분 관리과학파(management science)의 학자들이다. 특히 이러한 견해는 정치·행정 이원론, 기술적 행정학 또는 능률적 행정학이 풍미하던 시기에 지배적인 것이었다.[4] 즉, 행정은 정

---

1) Luther Gulick, "Note on the Theory of Organization", in Luther Gulick and L. Urwick(eds.), Paper on the Science of Administration(New York; Institute of Public Administration, 1937), p.13.
2) Donald Stone, The Management of Municipal Public Works(Chicago: Public Administration Service, 1939), pp.63~67.
3) Harold Koontz and Cyril O'Donnell, Principles of Management: An Analysis of Managerial Functions(New York: McGraw-Hill Book Co., 1959), p.453.
4) 김신복, 「발전기획론」(서울: 박영사, 1984), p.6.

치영역에서 수립된 정책을 능률적으로 집행만 하는 기능이라고 보았고, 기획 역시 관리능률 향상을 위한 수단으로 본 것이다. 때문에 이렇게 정의하는 기획을 폐쇄적 모형(closed model)의 기획 또는 기계적 모형(mechanistic model)의 기획이라고 한다.[5]

2. 기획의 발달요인

(1) 도시기획의 발전
(2) 1929년 경제대공황
(3) 제2차 세계대전의 경험
(4) 기획선행조건이 되는 사회과학의 발달
(5) 신생국가의 발전계획
(6) 소련 등 공산주의 경제개발계획의 영향

3. 기획관의 변천

(1) 수단적 · 기계적 기획관
　사실적인 정보를 수집 · 분석하는 가치중립적인 기술자가 목표수단연쇄에 의한 합리적인 수단개발에 주력하는 것으로 목표설정이나 가치지향적인 기능과는 관계없는 것으로 보는 고전적인 기획관

(2) 규범적 · 창조적 기획관
　정치적 절충에 의한 각 집단의 이해 조정, 당위적인 가치판단에 의한 목표의 선택이 불가피하며 오히려 그것이 바람직하다고 보는 기획관

4. 기획과 민주주의

(2) 정책결정방법: 신기획관

　기획을 정책결정방법으로 보는 견해가 있다. 즉, H. Ozbekhan, E. Jantsch, Y. Dror 등이 대표적인 학자이다. Ozbekhan은 전통적 기획이

---

5) Hasan Ozbekhan, "Toward a General Theory of Planning," Erich Jantsch (ed.), Perspectives of Planning(OECD Paris, 1969), pp.117~118.

론이 선형적인 사고와 행동(linear thinking and action)을 강조하는 기계적 모형에 집착하는 오류를 범하고 있다고 기술하고, 새로운 기획이론은 인간행동모형(human action model)에 기초한 사회체제(social system)의 자기규제성(self-regulating)과 자기적응성(self-adaptive)을 통하여 환경변화에 일치 또는 조화하는 동적 과정으로서, 변동적 안정상태(steady state dynamics)의 유지에 관심을 두어야 한다고 강조하면서 기획을 정책형성에 포함시키고 있다.6) 또한 Jantsch는 전통적 기획이론은 기획의 목표는 외부로부터 주어지는 것으로 보고, 특정문제의 해결을 대상으로 하며, 외적 정책에 의하여 통제를 받는 등의 특징을 가진 비창조적 낡은 기획이론(old non-creative planning)이라고 비난하고, 새로운 기획이론으로서 ⅰ) 기획에 있어서 규범적 사고와 가치의 평가를 도입, 이를 통하여 미래를 창조하고, ⅱ) 체제설계(system design)를 기획의 핵심적 요소로 삼으며, ⅲ) 세 가지 수준의 기획, 즉 규범적 또는 정책적 기획(normative or policy planning : 당위성 차원), 전략적 기획(strategic planning : 실현가능성 차원), 전술적 및 운영적 기획(tactical or operational planning : 수단 및 방법상의 차원)의 상호 작용을 새로운 미래창조적 기획(new futures-creative planning)의 요건으로 보았다.7) 이 밖에도 Jantsch는 정책결정의 차원에서 미래창조(forecasting : 발명) ↔ 기획(planning : 체제설계) ↔ 의사결정(decision-making : 정책의사에 의한 채택) ↔ 합리적·창조적 행동(rational creative action : 체제구현)의 모형을 제시한다. Ozbekhan이나 Jantsch의 기획정의에 있어서의 특징은 기획을 체제설계 및 구현과 관련시키고 있다는 점이다.

정책결정방법의 관점에서 기획을 정의하는 학자 중 **빼놓을** 수 없는 사람은 Dror이다. Dror는 기획의 개념을 ⅰ) 설계된 행동노선, 지적 사전결정, ⅱ)

---

6) Ibid.
7) Erich Jantsch, "From Forecasting and Planning to Policy Sciencies," Policy Science, Vol.1(American Elsevier Publishing Co., 1970), p.35.

합리성과 지적 과정, iii) 사회적 선을 증진시키기 위한 수단, iv) 미래에 대한 합리적·적응적 사고 등 네 부류로 분류한 다음[8] 기획이란 보다 나은 수단에 의하여 목표를 달성할 수 있도록 미래의 행동에 관한 일련의 결정을 준비하는 과정이라고[9] 정의한다. 이와 같이 Dror는 기획을 사상결정 혹은 정책결정의 한 유형으로 정의한다. 기획을 정책학의 한 분야로 보는 견해는 Dror 외에도 많이 있다. 그중에서도 J. D. Millett는 기획이란 인간이 가지고 있는 최선의 가용지식을 공공분야 안에서 공신성을 띠고 있는 사업의 추진을 위하여 체계적·계속적·선견적으로 적용하는 것이라고 정의하고,[10] C. E. Merriam은 기획이란 국가정책을 결정함에 있어 사회적 예지를 활용하려는 조직적 노력이라 정의한다.[11]

기획의 정의에 있어서 신기획관의 관점인 이러한 정의는 기획을 정책과 같은 맥락에서 파악함으로써 기계론적 관점인 전통적 기획관에서 탈피한 바람직한 것이라 할 수 있다.

1. 기획의 정의

고찰한 기획의 정의에 대한 관점을 토대로 하여 볼 때, 기획이란 미래의 활동에 관한 일련의 결정을 준비하는 동태적 과정이라 정의할 수 있다. 미

---

8) Yehezkel Dror, "The Planning Process: a Facet Design," International Review of Administrative Sciences, Vol. XXIX, No.1(1963), pp.46~58.
9) Ibid., p.55.
10) John D. Millett, The Process and Organization of Government Planning (New York: Columbia Univ. Press, 1947), p.10.
11) Charles E. Merriam, "The National Resources Planning Board," in George B. Galloway and Associates, Planning for America(New York: Henry Holt&Co., 1941), p.489.

래의 활동에 관한 일련의 결정인 점에서 기획은 특정의 목표를 달성하기 위하여 최상의 방법이나 절차를 선택하는 의도적인 결정뿐만 아니라 목표의 탐색 및 설정까지도 포함한다. 즉, 넓은 의미로 파악하여야 한다는 것이다. 따라서 행정을 하나의 과정으로 보아 단계를 표시한 목표설정(where) → 정책결정(what) → 기획(how) → 조직화 → 동작화 → 평가 → 시정조치 → 목표설정의 행정과정 관점은 수정되어야 한다. 왜냐하면, 이러한 과정은 기획을 목표설정과 정책의 하위개념으로 본 것, 즉 수단과 방법 면에서 파악한 것에 그치기 쉽기 때문이다. 기획은 목표설정과 정책결정까지도 망라되는 것으로 파악하여야 한다. 이렇게 인식하지 않고는 기획은 기계적·능률적 개념, 즉 전통적 개념에 머물 수밖에 없다.

1) 기획과 유사개념

(1) 기획과 계획, 사업계획과 세부사업계획

기획을 논함에 있어서 첫째로 대두되는 용어문제는 기획과 계획은 어떻게 다른가에 모아진다. 다행히 이들 용어에 대하여는 일반적으로 합의(consensus)가 이루어지고 있다. 통설은 기획은 영어의 planning에 해당되는 것으로 계획을 수립·집행하는 과정을 말하며, 계획은 영어의 plan에 해당되는 것으로 기획을 통해 산출되는 최종결과(end-results)를 말한다. 즉, 기획은 하나의 과정을 의미하고 계획은 문서화된 활동목표나 수단을 가리킨다. 그래서 plan을 계획서 또는 계획안이라 번역하기도 한다. 이 밖에도 계획개념으로 사용되는 것으로서 program과 porject는 어떻게 다른가에 대한 문제가 대두된다. 일반적으로 program은 사업계획(서)으로 번역되는 것으로 대규모의 복합적인 계획을 말하고, project는 세부사업계획(서) 혹은 단위사업계획(서)으로 번역되며 소규모의 단순적인 계획을 의미한다. 이들 두 용어는 plan의 하위개념이다.

(2) 기획과 정책결정

기획과 정책결정은 모두가 ⅰ) 바람직한 상태를 위한 선책과정이라는 점과, ⅱ) 문제결정에 대한 체계적인 분석을 내용으로 한다는 점에서 공통점을 가진다. 즉, 정도의 차이가 존재할 뿐 본질을 같이한다는 것이 일반적인 견해이다. 그러나 기획과 정책결정은 다음과 같은 몇 가지 점에서 상이성이 발견된다. 첫째, 기획은 정책결정에 비하여 미래에 대한 의지와 목표달성의 욕구가 강하다. 둘째, 기획은 특정의 기간과 연결시키는 것을 선호하지만 정책결정은 기간정향적인 개념이 아니다. 즉, 정책은 기간과 관계없이 늘 일어나는 현상이라는 것이다. 셋째, 기획은 이념성이 강한 데 비하여 정책결정은 이념과는 무관하다. 넷째, 기획은 공식성을 강조하는 경향이 강한 데 비하여 정책결정은 공식성 못지않게 비공식성도 강조한다. 다섯째, 기획은 절차나 과정을 중시하는 데 비하여 정책결정은 정책의 내용을 중시한다.

기획과 정책결정에 있어서 주목할 점은 앞에서 언급한 바와 같이 정책결정은 넓은 의미의 기획과정 속에 존재하는 하나의 과정이라는 것이다. 즉, 계획의 목표를 구체적으로 완수하는 방향에서 정책개념이 고려되어야 한다는 것이다.

(3) 기획과 예산

기획은 바람직한 미래에 대한 설계이고 예산은 금전적 단위로 표현한 계획이다. 정부를 비롯한 모든 기관은 1년 동안의 할 일에 대하여 예산을 편성하는데, 이러한 작업은 분명히 기획활동이다. 정부예산은 연도단위의 행정활동 전반에 관한 명세성과 구체성이 극히 높은 계획이다. 아무리 훌륭한 계획이더라도 예산책정이 되지 않으면 공수표가 된다. 이와 같이 기획과 예산은 서로 보완적인 관계를 가지는 활동이다.[12] 이 양자의 관계를 잘 나타

---

12) Robert A. Walker, "The Relation of Budgeting to Program Planning," Public Administration Review, Vol.Ⅳ(Spring 1944), pp.97~102.

내는 예산제도로 성과주의예산제도(PBS)와 계획예산제도(PPBS)가 있다. 그러나 기획과 예산은 다음과 같은 몇 가지 점에서 상이함이 존재한다. 첫째, 기획이 하나의 정책결정체계라면 예산은 이를 돕는 보조체계이다. 둘째, 기획은 목표설정을 중심으로 하는 하나의 실물계획산출적 지위를 갖는 데 비하여 예산은 산출된 실물계획의 집행을 돕는 하나의 구체적인 자금 또는 재정계획이라 할 수 있다. 셋째, 기획은 본래 활동에 대한 지침(guideline)을 제공하는 제안적 성격을 가지는 데 비하여 예산은 계획목표와 내용을 효율적으로 수행하는 데 중점을 두는 실천계획적 성격을 가진다. 따라서 예산은 그 내용에 있어 계획보다 구체적이고 현실적이며 정확성을 지니게 된다.

(4) 기획과 체제분석

기획과 체제분석 간에는 유사한 점이 많다. 왜냐하면, 체제분석은 문제를 명확히 하고 목표와 대안을 탐색, 각각의 예상되는 결과와 비교·평가함으로써 의사결정을 돕는 기법이기 때문이다.[13] 그러나 Cataness와 Steiss는 몇 가지 기준에 비추어 양자 간의 차이를 다음과 같이 규정하고 있다.[14] 첫째, 기획은 장래에 예상되는 문제를 사전에 대처하려는 예방적인 것에 역점을 두는 데 비하여 체제분석은 당면한 문제를 해소하려는 교정적인 것에 중점을 둔다. 둘째, 기획은 서로 얽혀 있는 복합적인 문제를 대상으로 하는 데 비하여 체제분석은 단일한 해결책을 추출할 수 있는 일원적인 문제들을 대상으로 한다. 셋째, 기획은 체제분석에 비하여 장기적인 전망을 가진다. 넷째, 기획은 체제분석보다 계량적인 방법을 덜 사용한다. 다섯째, 기획은 주로 논리적 일관성(logical consistency)을 판단기준으로 삼는 데 비하여 체제분석은 비용·편익분석(cost-benefit analysis)을 판단기준으로 삼는다.

---

13) E. S. Quade, "Introduction," Systems Analysis and Policy Planning edited by E. S. Quade and W. I. Boucher(New York: Elsevier, 1968); 김신복, 전게서, p.12.

14) Anthony J. Catanese, Systemic Planning: Theory and Application (Massachusetts: Health Lexington Books, 1970), pp.26~34; 김신복, 상게서, pp.12~17.

2) 기획의 특성

(1) 하나의 과정(a process)

기획은 하나의 과정이다. 그 자체가 목표가 아니며 여러 대안 중에서 어느 것을 선택하는 의사결정 과정(a decision-making process)이다. 어떤 조직이든 목표를 수립하고 그것을 달성하기 위한 수단을 탐색하게 되는데 이러한 활동은 어느 한 가지 결정으로 끝나는 것이 아니라 계속성을 띤다. 이것이 기획의 특성이다. 즉, 기획은 대체가능한 제 대안(alternative) 중에서 어느 것(최선의 대안)을 선택하는 의사결정 과정이면서, 계속적인 과정(continuous process)이라는 것이다. 이 점에서 미래행동을 위한 일련의 결정 또는 최종산물인 계획(plan)과 구별된다.

(2) 준비과정

기획은 일련의 결정, 즉 계획을 준비하는 과정(a process of preparing a set of decisions or plans)이다. 준비하는 과정인 점에서 집행과는 구별된다. 동일기관이 기획기능과 집행기능을 담당한다 할지라도 양자는 본질적으로 별개의 과정에 속한다는 것이다.

(3) 일련의 제 결정

기획은 일련의 제 결정(a set of decisions)을 특성으로 한다. 이것이 일반적 의사결정과는 다른 점이다. 일반적인 의사결정(decision-making)은 제 대안 중 어느 하나를 결정하는 것 그 자체인 데 비하여 기획은 의사결정군 또는 조(a set)를 형성하는 제 결정을 다룬다. 여러 개의 결정들이 체계적 관련성을 가지고 이루어진다.

(4) 행동지향성

기획은 본질적으로 집행(execution)을 전제로 하는 의사결정 과정이다. 즉, 행동지향성(action oriented)을 특성으로 한다. 따라서 단순한 조사연구나 지식의 탐구 등과는 구별된다.

(5) 미래지향성

기획은 미래지향적(future oriented) 의사결정 과정이다. 즉, 현재 위에서(on present) 미래를(for future) 투시하여 설계한다는 것이다. 미래에는 개연적인 미래(probable future), 가능한 미래(possible future), 소망스러운 미래(preferable future)로 나눌 수 있다. 개연적인 미래는 현재의 상태가 계속되면 분명히 나타날 것으로 보이는 가장 확실한 미래를 말하고, 가능한 미래란 선택할 수 있고 존재할 수 있는 미래를 말하며, 소망스러운 미래는 실현되기를 바라는 바람직한 상태의 미래를 말한다. 미래를 이와 같이 구분할 때 기획은 우선 개연적인 미래를 예측하여 그 적합성 여부를 진단하고 만족스럽지 못한 경우에는 여러 형태의 가능한 미래 가운데서 가장 소망스러운 미래를 선택하는 과정이라 할 수 있다.[15] 이를 위하여 기획활동에서는 미래전망(forecasting)으로부터 상황분석(situation analysis) 등을 비롯하여 여러 가지 활동들이 전개된다. 그러나 여기서 주목할 점은 미래전망이나 상황분석은 기획에 있어서의 중요한 단계이며 수단일 뿐이지 그 자체가 기획이 될 수는 없다는 것이다. 기획은 미래전망, 상황분석 등을 통하여 인간의 소망과 의지를 반영하는 노력이라는 것이다. 기획은 미래를 바람직한 상태로 끌어올리기 위한 활동이라는 점에서 미래지향성은 기획에 있어서 가장 중요한 특성이라 할 수 있다.

---

15) 상게서.

(6) 목표지향성

기획은 목표지향성(goal oriented)을 특성으로 한다. 기획은 일단 설정된 목표를 달성하기 위한 여러 가지 수단을 탐색하는 활동이다. 기획과정은 처음부터 명백한 목표를 가지고 시작되는 것이 아니고 대부분 정책결정과정에서 설정된 막연한 목표를 근거로 기획목표를 설정함으로써 개시된다는 것이다.[16] 그러나 넓은 시각에서 본다면 목표설정 자체가 기획활동이다. 목표는 어떤 조직이 달성하여야 할 바람직한 상태인 점에서 기획의 목표지향성은 매우 중요한 특성이다.

3) 기획의 기본철학

기획의 저변에 흐르는 기본철학(underlying philosophy)으로서는 다음의 두 가지를 들 수 있다. 이것은 R. A. Dahl과 C. E. Lindblom의 기획개념 요소에서 잘 나타나고 있다. 즉, 두 사람은 기획을 합리적인 계산 및 효과적인 통제체계(system of rational calcuation and control)라 규정하고 있다.[17]

(1) 합리성을 들 수 있다

기획은 합리성 추구를 기본철학으로 한다. 합리성(rationality)이란 글자 그대로 이성(reason)에 합치되는 성질을 말한다. 구체적으로 말하면 행위가 지성적이고, 상식적이며, 의식적이고, 계산된 것을 말한다.[18] 이러한

---

16) 최창호 · 정세욱, 「행정학」(서울: 법문사, 1979), p.173.

17) Robert A. Dahl and Charles E. Lindblom, Politics, Economics and Welfare(New York: Harper Brothers, 1953), pp.3~25.

18) S. Kenneth Howard, "Administrative Rationality," in Frank Marini(ed.), Toward a New Public Administration: The Minnowbrook Perspective(new York: Chandler Publishing Co., 1971), p.287.

합리성은 실질적 합리성(substantial rationality), 기능적 합리성(func-
tional rationality), 절차적 합리성(procedural rationality), 기술적
합리성(technical rationality), 경제적 합리성(economic rationality),
사회적 합리성(political rationality)을 모두 포함한다.[19]

행정학은 합리성을 다루는 학문이듯이 기획은 합리성을 전제로 하는 활동
이다. 즉, 대안을 탐색하고 비교·검토하는 일에나 자원의 활용에 있어서
합리성 추구를 전제로 하는 활동이다.

(2) 통제성을 들 수 있다

기획은 통제성을 기본철학으로 한다. 통제성은 협의로는 행정통제를 말하고
광의로 사회통제를 말하는데, 기획에서의 통제는 후자의 것으로 정의하는
것이 옳다. 기획은 바람직한 미래를 실현하는 데 목적이 있으므로 기존의
추세에 어떤 형태로든 수정과 통제를 가하는 활동을 전개하게 된다. 즉, 자
연적인 추세로 방치하는 것이 아니라 인위적인 수정과 통제를 가한다.[20]
이것이 기획이 추구하는 기본철학이다. 얼마나 통제를 잘하여 절제 있는 행
정기획으로 만드느냐가 관건이다.

4) 기획의 기능과 미래상

(1) 미래에의 대비 및 창조

기획은 미래에 있어 발생할 가능성이 높은 사태에 대비하고 바람직한 미

---

19) Karl Mannheim, "The Meaning of Rationality," in Marshall W. Meyer(ed.), Stru-
   cture, Symbols, and Systems(Boston: Little, Brown and Co., 1971), p.54; Herbert
   A. Simon, "From Substantive to Procedural Rationality," in S. J. Latsis(ed.), Method
   and Appraisal in Economics(Cambridge: Cambridge University Press, 1976), pp.130~
   131; 백완기, 「행정학」(서울: 박영사, 1984), pp.133~137 등을 참조.
20) 김신복, 전게서, pp.16~17.

래를 창조하는 기능을 한다. 관리자는 미래에 대처하거나 창조하는 역할을 담당하여야 한다. 미래에 있어 예상되는 위험을 최소화하는 일과 미래를 보다 바람직한 상태로 발전시키는 활동 등이 이에 속한다. 현실지향적이되 미래예측적이라는 것이다.

(2) 경비의 절약 및 낭비의 최소화

기획은 경비를 절약하고 낭비를 최소화하는 기능을 한다. 기획은 주어진 조건하에서 최대의 효과를 탐색하거나 주어진 목표를 최소의 비용으로써 달성하려는 것으로, 최적수단의 선택에 의거 비생산적인 활동을 회피, 불필요한 경비의 억제와 노력의 절약을 가져오게 한다.[21]

(3) 효과적 성과측정

기획은 성과측정을 효과적으로 할 수 있게 하는 기능을 한다. 기획은 일정한 공간·시간에서 수행되는 것이기 때문에 그 기간 내에 이루어진 성과측정을 효과적으로 할 수 있게 한다.

(4) 가용자원의 효과적 사용

기획은 가용자원을 효율적으로 사용하게 하는 기능을 한다. 가용자원은 한정되어 있다. 이 한정된 자원은 바람직한 기획에 의하여 적정배분 및 사용됨으로써 그 가치를 높일 수 있다. 특히 자원부족의 현상이 심화될 것으로 예상되는 '새로운 시대(a new era)'인[22] 1980년대에는 자원의 효율적 사용을 위한 기회기능이 필요하다.

---

21) 유종해 외, 「행정학사전」(서울: 박영사, 1984), p.259.
22) Charles H. Levins, "More on Cutback Management: Hard Questions for Hard Times,"Public Administration Review, Vol.39(1979), p.179.

(5) 효과적 통제의 수단

기획은 어떤 조직의 효과적 통제를 위한 수단으로서의 기능을 한다. 어떤 조직이든 기획을 통하여 조직단위별 활동에 대한 체계적 배분이 이루어진다. 이것은 곧 조직단위활동을 효과적으로 통제하는 수단이 된다.

(6) 효과적인 조정

기획은 조직의 궁극적인 목표를 향하여 조정되는 기능을 한다. 어느 조직이든 궁극적인 목표를 가진다. 그러나 조직을 이루고 있는 여러 구성단위는 제각기 목표를 정하여 노력을 투입할 수 있다. 이것은 자칫하면 조직의 궁극적인 목표와 갈등관계에 놓이거나 역기능을 야기한다. 따라서 이러한 갈등이나 역기능을 방지하기 위한 조정활동이 필요하다. 기획은 바로 이와 같은 조정을 위해 필요하다.

5) 기획의 원리

기획에 있어서 그 본질에 맞는 효과적 지침으로서의 원리는 다음과 같다.
  (1) 목적성의 원리(principle of contribution to objective): 기획에는 목적이 구체적으로 명확히 제시되어야 한다.
  (2) 능률성(경제성)의 원리(principle of efficiency): 기획은 투입된 비용에 비하여 그 성과나 산출이 크도록 수립되어야 한다. 이를 위하여서는 불필요한 비용을 과감히 제거하는 노력이 필요하다.
  (3) 보편화의 원리(principle of pervasiveness): 기획은 조직 내의 모든 관리자가 수행하여야 할 기능이다. 기획은 마치 조직의 상위직 또는 최고관리층에 국한된 기능인 것으로 인식하기가 쉬우나 정도의 차이가 있을 뿐 계층의 높고 낮음을 막론하고 모든 관리자는

기획업무를 수행한다.

  (4) 우선의 원리(principle of primacy): 기획은 관리기능 중 제1차적 기능이다. 왜냐하면, 어느 관리자도 사전에 목표를 모르거나 그 목표 달성을 위한 정책을 모르면 관리의 기능을 수행할 수 없기 때문이다.

  (5) 가정의 원리(principle of premise): 기획은 가정설정을 요건으로 한다. 가정은 훌륭한 기획을 위한 선행조건이 된다.

  (6) 시간결정의 원리(principle of time): 계획에서는 언제 어떻게 수행될 것인가의 시간이 표시되어야 한다.

  (7) 의사전달의 원리(principle of planning-communication): 훌륭한 기획이 이루어지기 위해서는 기획자는 담당기획에 대하여 충분한 정보를 가지고 있어야 하며 타 기획자와 의사소통이 이루어져야 한다.

  (8) 대안의 원리(principle of alternatives): 기획은 여러 가지 대안 중에서 조직의 목표에 맞는 대안 발굴 및 선택을 하는 활동이다.

  (9) 공약의 원리(the commitment principle): 기획은 공식적으로 실천할 행동노선을 결정하는 것이다.

(10) 동태적 변경의 원리(the principle of navigational change): 기획은 바람직한 미래설계를 도모하는 것이다. 그러나 미래는 불확실한 것이므로 기획은 항상 동태성 또는 탄력성을 가질 수밖에 없다. 때문에 이를 탄력성의 원리라고도 한다.

이밖에도 간결성의 원리, 안정성의 원리, 계층화의 원리, 포괄성의 원리 등이 있다.

6) 기획이론의 범위

기획이론에서는 무엇까지 다루어야 하는가, 즉 기획이론이 포괄하는 영역에 관하여는 여러 가지 견해가 제시될 수 있으나 크게 다음과 같은 두 가지

이론을 포괄하는 것으로 인식되는 것이 일반적인 추세이다.

(1) 내용이론(substantive theory, theory in planning)

기획에 있어서 내용이론이란 기획활동에 있어서 필요로 하는 분야별 전문지식에 관한 이론을 말한다.[23] 즉, 기획 분야의 현상을 설명하고 예측하는 이론이다. 이 이론은 과정보다도 대상에 초점을 둔다는 데 특징이 있다. 예를 들면, 지역계획의 경우에 지역개발이론과 개발전략에 관한 이론, 사회계획의 경우에 사회변동 및 사회계층이론 등이 이에 속한다. 이와 같은 것들은 기획에서 절실히 필요한 이론들로서 당연히 기획이론의 범주에 속하여야 한다.

(2) 절차이론(procedural theory, theory of planning)

절차이론은 과정이론이라고도 불려지는 것으로 기획활동의 대상과 관계없이 기획활동 자체가 추구하는 이념, 가치, 목적, 원칙, 절차, 기구와 제도적 장치 등을 다루는 이론이다. 이 이론은 내용이론이 기획의 내용이나 대상에 초점을 두는 데 비하여 절차나 과정을 핵심으로 한다는 데 특징을 가진다.[24] 즉, 훌륭한 기획활동이 되기 위해서는 기획의 대상 또는 분야와 상관없이 공통적으로 적용할 수 있는 기획과정 자체가 효율적인 것이어야 한다고 보는 기획관점에서 출발되는 이론이다. 따라서 이 이론을 기획의 기획이론(planning of planning)이라고도 한다. 곧 상위기획(metaplanning)의 성격을 갖는다. 이 이론 또한 당연히 기획이론의 범주에 속한다. 오히려 1차적 관심의 대상이 된다. 이와 같이 기획이론은 대상이나 분야에 관한 이론과 과정이나 절차에 관한 이론을 함께 포괄한다. 실제에 있어서 유능한 기획인이 되기 위해서는 기획과정에 관한 지식·기술과 기획대상 분야에 대한 전문적 지식을 구비하여

---

23) Andreas Faludi, Planning Theory(Oxford: Pergamon Press, 1973), p.3.
24) Henry C. Highwer, "Planning Theory in Contemporary Professional Education," Journal of the American Institute of Planning, Vol.35(September 1969), pp.326~329.

야 하고, 더 나아가 기획이 포괄하는 공간적 상황에 대한 지식도 구비하여야
한다.25)

2. 기획제도의 발달

1) 기획제도의 발전

(1) 초기의 기획

기획제도의 기원은 희랍이나 로마시대의 도시기획에까지 소급될 수 있으
나26) 국가기획(national planning)의 계획은 소련이 1929년에 수립한
제1차 5개년 계획에서 찾을 수 있다는 것이 일반적인 견해이다. 이 계획은
국민에게 막대한 희생을 요구하기는 했지만 경제개발에 크게 기여했다는 점
에서 다른 나라들에게 많은 자극을 주었다. 1933년 미국의 국가기획위원회
(National Planning Committee)의 설치, 동년 나치 독일의 제1차 4
개년 계획, 1934년 터키의 제1차 5개년 계획 등의 탄생이 그것이다.

(2) 제2차 세계대전 중의 기획

제2차 세계대전 중 미국에서는 전쟁의 효과적인 수행을 위하여 1943년
전시동원계획을 수립하였다. 이러한 기획은 부문별로 작성되었다.

---

25) 김신복, 전게서, p.80.
26) Albert Waterston, Development Planning: Lessons of Experience (Balti-
    more: Johns Hopkins, 1965), p.106.

(3) 제2차 세계대전 후의 기획

제2차 세계대전이 끝난 뒤인 1947년에 프랑스에 경제재건을 위한 전후 장기계획을 수립하였다. 이것이 전후 계획의 첫 케이스이다. Monnet Plan 이라 불리는 제1차 근대화 설비계획이 그것이다.[27] 또한 1947년 영국에서는 경제기획청(Economic Planning Board)을 설치하였고, 1948년 미국에서는 Marshall plan이라고 불리는 원조계획을 수립하였으며 이를 계기로 각종 발전계획이 수립되었다. 이 밖에도 제2차 세계대전 후 특히 1950년 이후에는 대부분의 개발도상국들도 결제발전을 위한 각종 계획을 수립하였다.

2) 기획제도가 늦게 관심을 끌게 된 원인

기획제도는 1950년 이후에 와서야 일반화될 수 있었다. 이것은 대단히 늦은 발전이다. 기획제도가 이렇게 늦게 관심의 대상이 된 이유는 무엇일까를 탐색하는 일은 기획론의 이해를 돕는 것이 될 것이다. 그 이유로는 다음과 같은 것들을 들 수 있다. 첫째, 행정에 대한 경원사상을 들 수 있다. 그리스시대로부터 1887년 W. Wilson이 「행정에 관한 연구」(The Study of Public Administration)이라고 하는 논문을 발표하기까지는 행정문제에 관한 체계적인 검토가 시도된 적이 없고, 특히 정치학자들은 국가의 성격, 통치구조, 구주주권, 권력분립 등과 같은 고차원의 정치문제에 관심을 두었을 뿐 행정문제는 대수롭지 않은 것으로 인식해 왔다.[28] 이러한 풍토는 기획제도의 발달을 지연시켰다.

둘째, 기업에 대한 천시의식을 들 수 있다. 기획제도는 일찍이 발달한 기

---

27) Alfred Oxenfeldt and Vsevolod Holubnychy, Economic Systems in Action, third edition(New York: Holt, 1965), p.191.
28) 김봉식, 「기획론」(서울: 박영사, 1976), p.16.

업운영 분야에서 발전할 수 있었다. 그러나 관습적으로 기업운영이 천시되는 풍조 속에서 기획이 발전할 수 없었다. 이러한 풍토는 동서양에서 차이가 없었다. 영국을 가리켜 '구멍가게의 나라'라 혹평함으로써 영국을 비하시킨 나폴레옹의 말이나[29] 우리나라의 사농공상의 전통이 이를 잘 나타내 준다. 경제학자들마저도 기업의 관리문제를 경시하고 정치문제를 중시한 나머지 기업운영의 합리화 문제는 좀처럼 연구되지 못하였다.

셋째, 19세기에 풍미했던 자유방임주의의 여파를 들 수 있다. 19세기의 경제체제는 '경제생활은 자율된다'는 가정 위에서 가동되는 것으로 인식되어 왔다.[30] 기획은 보이지 않는 손에 의하여 자동적으로 적응되는 것으로 보았고 국가가 주민들의 경제활동에 개입하는 것은 경제 질서를 파괴하는 것으로 간주되었다. 이와 같이 자유방임주의에 대한 무조건적인 수상 내지 추종은 기획이 성장할 터전을 갖지 못한 채 발달을 기대할 수 없었다.

넷째, 기획에 관한 이해부족을 들 수 있다. 기획에 관한 이해의 문제는 기획은 시민의 자유를 제약하는 것이냐의 여부에 관한 관점, 즉 기획과 자유의 조화 여부의 견해에서 출발된다. 이것에 대하여는 크게 두 가지 견해로 집약된다. 기획은 자유와 상극되는 것으로 보는 반기획론과 양자는 상호보완적인 것으로 기획은 오히려 자유를 신장시킨다고 보는 찬성기획론이 그것이다. F. A. Hayek는 1944년에 출간한 「노예로 가는 길」(The Road to Serfdom)에서 국가기획은 사회의 제 자원에 대한 통제를 전제하므로 사회주의, 집산주의(collectivism), 공산주의로 연결되면 조만간에 개인의 정치적 자유는 물론 경제적 자유마저 파괴한다고 주장한다.[31] 또 Hayek는 국가기획은 획일주의를 강요하는 수단이기 때문에 개인의 자유를 근본적으로 파괴하여 노예화한다는 것이다.[32] 이와 같은 기획불신론 견해는 H. Finer

---

29) James L. Lundy, Effective Industrial Management(New York: The McMillan Co., 1957), pp.17~31.
30) Friedrich A. Hayek, The Road to Serfdom(Chicago: The University of Chicago Press, 1944), p.70.
31) Ibid., pp.134~152.

가 1945년에 「반동으로 가는 길」(The Road to Reaction)을 출간하여 반박할 때까지[33] 지배된다. 이것은 분명 기획에 대한 이해부족의 소치이다. 이러한 견해는 기획제도의 발달을 저해한 요인이 되었다고 할 수 있다.

3. 기획의 유형

기획은 관점이나 기준에 따라 여러 가지 형태로 분류될 수 있다. 즉 기간, 대상, 지역적 수준, 고정성 여부, 강제성 및 종합성 등의 정도에 따라 그 존재형식이 다르다는 것이다. 그러나 여기서 한 가지 유의할 점은 여러 행태로 분류되는 기획의 유형은 각기 별개의 것이 아니라 상호 밀접한 관련을 갖고 있다는 점이다. 기간에 따른 분류에 의하면 장기계획에 속하는 계획이 대상에 의한 분류에 의하면 경제계획에 속할 수 있기 때문이다. 일반적으로 기획은 다음과 같은 유형으로 분류된다.

1) 기간에 의한 유형

계획은 사업완성에 소요되는 기간을 기준으로 하여 장기계획, 중기계획, 장기계획으로 분류할 수 있다. 각 계획의 소요기간을 구체적으로 몇 년으로

---

32) Ibid., p.70.

33) Finer는 기획은 개인의 자유를 침해하는 것이 아니라 더욱 보장해 주고, 신장시켜 주는 것이라고 지적한다. 또한 철저한 민주사회에서는 시민이 권리와 자유를 충분히 향유하는 가운데 국가기획은 성공적으로 유지된다는 것이다. 즉 기획과 자유는 충분히 양립될 수 있다는 것이다. Herman Finer, The Road to Reaction(Boston: Little Brown Co., 1946), p.24.

할 것인가는 편의상의 문제에 불과할 뿐 이론적 근거는 없다.

(1) 장기계획(long-term plan)

대체로 10년 내지 20년을 기간으로 잡는 계획이다. 실제로는 계획이라기보다 전망의 성격이 강하다. 장기계획의 기간은 10년이 적당하다고 보는 견해도 있으나[34] 그 기간은 국가의 사정이나 사업부문에 따라 다르다. 인구·노동 및 교육 분야에서는 25년 내지 30년의 미래를 전망하는 경우가있다.

대표적인 예로서는 네덜란드의 20년 계획(1950~1970), 이탈리아의 Vanoni계획(1955~1964)을 들 수 있다. 이 계획은 그 내용이 매우 종합적이고 포괄적이라는 점과 단기계획수립을 위한 기초적인 지침으로서의 역할을 한다는특징을 가진다.

(2) 중기계획

보통 3년 내지 7년을 기간으로 하는 계획을 말하는 것으로 일반적으로 5개년 계획이 이에 속한다. 이 기간은 집권자의 임기와 일치시키는 경우가많다. 인도의 5개년 계획들은 그 기간이 중앙정부나 주정부 요직의 임기와일치하고 멕시코에서의 제반 계획은 그 종료기간을 대통령의 임기만료일과일치시키고 있다.[35] 우리나라에 있어서 1962년부터 시작된 경제개발 5개년 계획은 이의 대표적인 예이다.

(3) 단기계획

보통 3년 미만을 기간으로 하는 계획이다. 일 회계연도의 기본운영계획,연도사업계획, 4분기별 계획 등이 이에 속한다. 이 계획은 연차계획으로서와

---

34) W. Arthur Lewis, Development Planning: The Essentials Economic Policy
   (New York: Harper, 1966), p.148.
35) 최창호·정세욱, 「행정학」(서울: 법문사, 1979), p.178.

중장기계획을 집행하기 위한 운영계획(operative plan)으로서의 역할과
비상시간이나 중장기계획을 새로 수립하는 경우의 과도기를 위한 조정계획
(adjustment plan)으로서의 역할을 하기도 한다.

2) 고정적 여부에 의한 유형

계획의 기간을 집행이 종료될 때까지 고정시키느냐의 여부에 따라 고정식
계획 및 연동식 계획으로 분류할 수 있다.

(1) 고정식 계획(fixied plan)

기간이 고정되어 있는 계획이다. 우리나라의 제1차(1962~1966), 2차,
3차 5개년 계획을 비롯하여 외국 대부분의 발전계획이 이에 속한다. 계획이
집행되는 과정에서 여건의 변화가 발생할 경우는 전혀 새로운 기획을 하거
나 연차계획을 통하여 조정한다.

(2) 연동식 계획(rolling plan)

이 계획은 연동계획 또는 이동계획이라고 불리어지는 것으로 계획기간이
한정되어 있지 않고 계속적인 것이다. 대상기간이 5년이면 항상 5년을 일정
하게 유지하는 계획이다. 예를 들면, 1984년도에 1985년도부터 1989년도
까지의 신계획을 수립한다는 것이다. 연동식 계획은 고정식 계획에 비하여
신축성이 있는 반면 심리적 호소력이 약하다는 단점이 있다.[36]

---

36) U. K. Hicks, "The Integration of Budger and the Development Plan
   with Special Reference to the Spanish Situation, "Public Finance,
   No.2(1962), pp.125~126.

3) 대상분야에 의한 유형

대상분야에 의한 기획의 유형은 다양하다. 그 대표적인 예를 들면 G. B. Galloway의 ⅰ)자원기획(resource planning), ⅱ)경제기획(economic planning), ⅲ)사회계획(social plan), ⅳ)지역계획(area plan), ⅴ)방위계획(defense plan) 등 다섯 종류로의 구분과[37] J. M. Pfiffner의 ⅰ)경제·사회계획(economic anf social plan), ⅱ)물적 계획(physical plan), ⅲ)행정계획(administrative plan)의 분류를[38] 들 수 있다. 그러나 일반적으로 다음과 같이 네 가지 계획으로 분류된다.

(1) 물적 계획

공간 또는 자연계획이라고도 하는 것으로서 대부분의 도시계획, 농촌개발계획 및 지역계획들이 이에 속한다. 도로, 항만, 공원, 공항, 토지 등의 이용극대화 및 국토균형개발, 지하자원 및 수자원개발 등 광범위한 영역이 포함되는 계획이다. 이 계획은 특히 최근에 그 중요성이 높아지고 있다.

(2) 경제계획

경제의 성장·발전·안정 등을 도모하기 위한 계획이다. 이 계획은 공간계획이나 방위계획보다 늦게 출발되었으나 제2차 세계대전 후 다른 어느 계획보다 고도로 발전되었다. 이 계획에는 생산증대, 고용증대, 소득분배, 국제적 경제협력계획 등이 포함된다. 특히 개발도상국가들의 관심이 집중되는 계획이다.

---

37) George B. Galloway et al., Planning for America(New York: Holt, 1941), pp.87~185.
38) John M. Pfiffner, Public Administration, 2nd ed.(New York: Ronald Press, 1964), pp.195~204.

(3) 사회계획

사회개발계획이라고도 칭하여지는 것으로 인력, 교육, 주택, 보건, 범죄예방, 사회보장, 인구문제 등을 대상으로 하는 계획이다. 구체적으로 말하면, 경제성장에 따른 여러 가지 역기능 및 부작용, 즉 소득격차, 사회계층 간의 갈등, 환경오염, 비인간화, 가치관의 퇴폐화 등 바람직하지 못한 현상을 해소하여 국민 복지를 증진하기 위한 계획이다.[39] 1960년대 이후에는 경제개발과 사회개발의 균형을 위하여 '경제사회발전계획'이라는 명칭으로 통합·추진되는 경향을 띤다. 우리나라의 경우도 제5차 5개년 계획에서부터는 경제사회발전계획이라는 명칭으로 추진되고 있다.

(4) 방위계획

경제계획이나 사회계획보다 일찍이 시작된 것으로 무기체계(weapon system)의 연구개발 및 제작을 비롯한 예비군, 민방위훈련, 동원체계 확립 등을 내용으로 하는 계획이다. 이 계획은 장기성이 요구된다는 특징을 가진다. PPBS의 도입은 바로 이를 잘 반영한다.

3) 지역별 수준에 의한 유형

지역별 수준에 의한 유형으로는 다음과 같은 4가지 계획을 말할 수가 있다.

(1) 국제계획(international plan)

두 나라 이상의 국가가 관련된 계획이다. 인더스 강 유역 개발계획, 메콩 강 하류 개발계획, 루르 지역 석탄개발계획 등과 같이 복수의 국가들이 공동개발을 시도하는 경우의 계획이 이에 속한다. 또한 국가 간에 경제협력기

---

39) 김신복, 전게서, p.65.

구를 설치하는 경우도 이에 속한다. 이러한 계획은 오늘날과 같은 지구촌시대에는 점점 큰 관심의 대상이 되고 있다.

(2) 국토계획(national development plan)

국토 및 국가의 자연자원을 종합적으로 이용·개발 및 보전을 내용으로 하는 계획이다. 우리나라의 현행법은 전국계획, 특정지역계획, 도계획, 군계획으로 분류하고 있는데, 국토계획은 전국계획을 지칭하는 것이다.

(3) 지역계획(regional plan)

일정 지역을 선정, 경제적·사회적 복지를 목적으로 종합적 개발을 시도하는 계획이다. 그 예로는 우리나라의 울산공업단지개발계획, 태백산지역 종합개발계획 등을 들 수 있다. 현재는 개발의 광역화 추세에 따라 지역을 권역별로 구분 종합개발을 기도하고 있다.

(4) 도시계획(urban plan)

도시의 건전한 발전을 도모하고 공공복리의 증진에 기여하며 시민들이 안락한 생활을 영위할 수 있도록 하기 위하여 교통·위생·보안·산업·후생 및 문화에 관한 중요시설의 계획이다.[40] 이 계획은 산업혁명과 더불어 인구가 도시로 집중되기 시작하던 시기부터 관심의 대상이 된 것으로 오늘날에는 그 중요성이 특히 증대되고 있다. 대도시로의 인구집중에 따르는 제문제, 예를 들어 교통·주택·위생·보안 등의 문제는 큰 과제가 되고 있다.

(5) 농촌계획(rural plan)

농어촌을 체계적으로 개발하려는 계획이다. 농어민의 소득증대사업을 비롯하여 도로·전기·상수도·우편·교육·보건 등의 개선사업 등이 이에 속한다.

---

40) 도시계획법, 제1, 2조.

앞으로는 농촌 자체의 계획으로만은 만족할 수 없고 도시와의 연계개발 체계가 구축되어야 하며 종합개발방식이 도입되어야 한다는 과제를 안고 있다.

4) 종합성의 정도에 의한 유형

기획은 그 접근방법이 어느 정도 종합성을 띠고 있느냐에 따라 다음과 같은 유형으로 나누어질 수 있다.

(1) 사업별 계획(project by project plan)

기획의 가장 초보적 단계로서 경제개발을 주된 내용으로 하는 계획이다. 이것은 공공투자사업들을 나열해 놓는 형식을 취하기 때문에 부문사업들 간에 연결이 되지 않고 있다는 단점이 있다. 인도의 제1차 5개년 계획인 공공부문사업(1951~1956)이나 파키스탄의 6개년 개발계획(1951~1957)은 이미 추진되고 있는 공공부문사업을 망라한 것에 지나지 않는다.[41]

(2) 통합적 공공투입계획(integrated public investment plan)

사업별 계획보다 한 단계 발전된 것으로서 민간부문의 사업까지 대상에 포함시키지는 않았으나 공공부문의 투자사업을 비교적 합리적 기준에 따라 선정하는 계획이다.[42] 분야별·기관별로 재원과 효과를 비교·조정하여 최종적으로 통합된 하나의 공공투자계획을 작성하는 활동이 전개된다.

---

41) Albert Waterston, Development Planning: Lessons of Experience (Baltimore: The John Hopkins University Press, 1968), p.62.
42) Ibid., pp.63~64.

(3) 종합계획(comprehensive plan)

기획의 가장 발전된 형태로서 공공부문뿐만 아니라 민간부문까지 망라한 투자계획이다. 따라서 이 계획은 부문별 계획 및 지역별 계획과도 연계성을 갖는다. 모든 국가의 종합계획으로 체계화되는 것은 바람직한 일이다. 이는 국가발전 정도에 따라 접근방법을 달리하는 것이 바람직하다는 주장도 있다.[43]

5) 강제성의 정도에 의한 유형

계획이 그 작성과 집행 면에서 어느 정도의 구속을 받는가에 따라 다음과 같은 유형으로 분류될 수 있다.

(1) 중앙집권적 강제기획(centralized imperative planning)

소련, 중동, 동구권 국가 등 대부분의 공산주의국가에서 채택되고 있는 경제계획형태의 기획이다. 거의 모든 인적·물적 자원들이 중앙기획기구에 의하여 배분된다.

(2) 경쟁적 사회주의 기획(socialist competitive planning)

생산수단과 자원은 국유화되어 있지만 능률성 향상은 경쟁의 방법을 추구하는 기획형태이다. 대표적인 나라는 유고슬라비아이며 헝가리를 비롯한 사회주의국가들이 대부분 이런 형태의 기획을 하고 있다.[44]

---

43) Waterston은 모든 개발도상국은 처음부터 종합개발을 택할 것이 아니라 사업별 계획부터 출발하여 점진적으로 종합적 계획에 이르도록 해야 한다고 주장한다. Ibid., pp.64~66.
44) 김신복, 전게서, p.69.

(3) 민주적 경쟁기획(democratic competitive planning)

기획에 있어서 민주적인 경쟁방식을 택하는 형태이다. 사유기업이 인정되고 시장 mechanism을 통하여 가격이 형성되며 개인의 경제활동이 보장된다.

(4) 유도기획(indicative planning)

지시적 계획이라고도 불리어지는 것으로 프랑스에서 처음으로 채택한 기획의 형태이다. 이 기획은 정부에서 일방적으로 계획을 수립하고 집행하는 방식을 취하지 않고 관민이 협조체제를 구축하거나 관이 간접적인 영향을 줌으로써 주민들로 하여금 투자토록 하는 기획방식이다. 이 기획은 기업이나 가계가 국가계획에서 제시된 방향과 목표를 따르는 것이 국민경제향상은 물론 자신에게도 이익이 된다는 인식을 바탕으로 한다.

(5) 예측기획(forecast planning)

경제전망을 거시적 수준(macro level)에서 전문적·통계적 추적에 의해 제시하는 형태의 기획이다. 이 기획은 스웨덴을 비롯한 스칸디나비아 국가들과 네덜란드에서 운용되고 있다.

6) 이용 빈도에 의한 유형

계획은 한 번의 사용 및 집행으로 종결되느냐, 아니면 반복적으로 계속 사용되느냐에 따라 단일사용계획과 상비계획으로 나누어진다.[45]

(1) 단일사용계획(single-use plan)

1회만 사용하고 종결되는 계획이다. 즉, 특정상황에 적용하기 위한 것으

---

45) William H. Newman, Administrative Action: The Technique of Organization and Management(Englewood Cliffs: Prentice-Hall, 1951), p.18.

로서 목표를 달성하면 그 수명도 끝나는 계획이다.

W. H. Newman은 단일사용계획을 ⅰ)주요사업계획(major programs), ⅱ)세부사업계획(projects), ⅲ)특정사업계획(special programs), ⅳ)세부계획(detail plan)으로 나누고[46] 이 계획의 이점으로 다음과 같은 것을 들고 있다.[47]

① 통합적이고 합목적적인 행동을 쉽게 기대할 수 있다.

② 위험을 예상할 수 있으며 지연을 방지할 수 있다.

③ 보다 능률적인 방법과 절차를 발전시킬 수 있다.

④ 권한의 이양을 촉진할 수 있다.

⑤ 통제기준의 토대가 마련된다.

(2) 상비계획(standing plan)

한 번만 사용하고 마는 계획이 아니라 반복적으로 사용될 수 있는 계획이다. Newamn은 이를 다시 ⅰ)정책(policy), ⅱ)표준적 절차(standard procedures), ⅲ)표준적 방법(standard methods), ⅳ)규칙(rules)으로 세분하면서 이 계획의 이점을 다음과 같이 열거한다.[48]

① 관리자의 노력이 절약된다.

② 권한의 이양을 매우 용이하게 한다.

③ 유일 최선의 방법(one best way)을 광범위하게 사용할 수 있다.

④ 인적자원을 크게 절약할 수 있다.

⑤ 단일사용계획과 상비계획 간의 예비적 조정에 의하여 각종 활동의 조정이 크게 증진된다.

---

46) Ibid., pp.29~54.
47) Ibid., pp.30~38.
48) Ibid., pp.40~53.

7) 계층에 의한 유형

J. D. Millet는 정부계획 계층화의 원리(principle of hierarchy of plan)에 따라 정책기획과 운영계획으로 구분한다.[49]

(1) 정책기획(policy planning)

계획내용이 일반성을 띠는 형태이다. 이는 정부활동에 관한 광범위한 일반개요를 발전시키는 것으로서 흔히 법률의 형태로 표현되며 정부기관의 모든 부문에 영향을 미치는 포괄적 계획이다.

(2) 운영기획(operational planning)

계획내용이 특정성을 띠는 형태이다. 공공정책의 테두리 안에서 정책을 실현하기 위한 특수한 목적과 이를 달성하기 위한 세부활동(절차)에 관한 기획이다.

4. 기획기구

1) 중앙기획기관의 지위

중앙기획기관의 지위에 관하여는 여러 가지 견해가 있으나 일반적으로 다음과 같은 네 가지로 분류되고 있다.

---

49) John D. Millett, Management in the Public Service(New York: McGraw-Hill, 1954), pp.56~59.

① 행정수반 직속

대통령부속 총리부에 기획기관을 두는 경우이다. 많은 나라가 이 형태를 취하고 있다. 프랑스의 기획청을 비롯하여 이란·미얀마·가나·모로코·세네갈 등의 국가가 이에 속한다.[50] 이 밖에 중남미의 많은 나라가 기획기관을 대통령 직속하에 설치하고 있다.[51] 중앙기획기관을 행정수반 직속하에 둠으로써 최고정책결정자의 기획과정에서 참여가 용이하고 환경변화에 쉽게 대처할 수 있으며 정치적, 행·재정적 지원을 쉽게 받을 수 있다. 때문에 발전도상국에서는 이에 대한 필요성이 더욱 크다.

② 기존부처의 일부

기획기구를 기존부처의 일부로 소속되게 하는 형태로 각료 혹은 부처형이라고도 한다. 일반적으로 재무부 안에 둔다.[52] 이 유형은 가장 많이 사용되는 형태로 우리나라도 이 형을 택하고 있다.

③ 기획전담부서 설치

행정부 내에 기획문제만을 전담할 수 있는 부서를 설치하는 형태이다. 이 경우는 ⅰ) 전적으로 기획만을 담당하기 때문에 전문성과 능률성을 높일 수 있고, ⅱ) 필요한 정보 및 자료접근이 용이하며, ⅲ) 내각이나 국회에 기획

---

50) 유훈, 「행정학원론」(서울: 법문사, 1979), p.122.
51) Albert Waterson, Development Planning: Lesson of Experience(Baltimore: Johns Hopkins, 1965), p.472.
52) 중앙기획기관을 일반적으로 재무부 안에 두어야 한다는 주장은 다음과 같은 이유에 근거한다. ⅰ) 기획은 예산과 밀접한 관련이 있다. 따라서 중앙기획기구는 예산을 관장하는 재무부에 속해야 한다. ⅱ) 계획에 포함된 사업들은 예산당국의 검토를 받아야 하므로 중앙기획기구와 중앙예산기관이 동일 부처 내에 위치하는 것이 중복을 피할 수 있어서 좋다. ⅲ) 재무부는 그 자신의 계획사업이 없으므로 비교적 중립적인 입장에서 모든 사업의 장·단점을 검토할 수 있다.
    그러나 다음과 같은 이유로 이에 반대하는 주장도 있다. ⅰ) 많은 나라에서 독립기관이나 지방자치단체의 투자는 중앙예산기관에 포함하지 않으므로 중앙기획기구를 재무부에 둘 필요가 없다. ⅱ) 재무부의 성격과 기획기구는 그 성격이 다르다. 유훈, 전게서, pp.122~123.

기구의 역할을 단독으로 대변할 수 있는 장점이 있다.[53] 이러한 예는 미얀마·그리스 등의 나라에서 볼 수 있다. 우리나라의 경제기획원도 이 유형에 속하지만 일반적인 부처보다 높은 지위와 권한을 가지며 기획업무뿐만 아니라 예산편성, 국제협력, 외자관리, 물가통계, 조사통계 등의 기능을 다루고 있어 순수한 기획전담부서라 할 수 없다.

④ 독립기관

기획기능의 자율성과 정치적 통일성을 보장하기 위하여 중앙기획기관을 행정부 밖에 독립적인 지위로 설치하는 형태이다. 이 기관에서 수립한 계획시안은 행정부의 취사선택에 의하여 비로소 계획으로서의 구실을 한다. 이러한 유형의 중앙기획기관은 자치성격을 갖는 위원회나 공사 형태를 취하기도 한다. 이 유형에 속하는 예로서는 영국의 국가경제발전심의회, 캐나다의 경제심의회, 페루·이스라엘 등의 중앙은행을 들 수 있다.

2) 중앙기획기관의 기능

중앙기획기관은 다음과 같은 기능을 행한다.[54]
① 장·중·단기계획을 작성하고 수정한다.
② 중앙계획의 집행을 위하여 연차운영계획을 준비한다.
③ 발전계획의 집행을 위한 정책의 제안, 경제정책기구 및 인적·물적 재원을 동원하는 데 필요한 기구를 설치하고 운영한다.
④ 발전기획에 관한 주기적인 보고·평가 및 장애요소의 발견 등을 행한다.
⑤ 국내외에 필요한 기술적·인적 자원의 동원을 위한 조정 또는 협의를 행한다.

---

53) 김신복, 「발전기획론」(서울: 박영사, 1984), pp.172~173.
54) 유종해, 「현대행정학」(서울: 박영사, 1985), p.282.

5. 기획의 과정과 애로점

1) 기획의 과정

(1) 기획과정의 단계구분에 관한 관점

① 기획과정의 개념과 범위

기획의 과정이란 일반적으로 기획의 주체가 조직체 내에서 기획안이 최종적으로 확정되기까지 벌이거나 밟는 작업과정 및 절차를 의미한다. 그러나 기획을 광의로 보느냐 협의로 보느냐에 따라 그 과정의 단계가 달라진다.

기획을 광으로 보는 입장은 계획의 수립·집행은 물론 평가와 환류까지를 포함하는 순환적 과정으로 본다. 즉, 계획을 작성하여 시행하고 그 실적을 평가, 차기계획수립에 반영하는 과정까지를 포괄하는 것으로 본다. 이에 비하여 협의로 보는 입장은 기획과정이 계획을 수립하는 단계만을 지칭하는 것으로 본다.

② 학자들의 분류

대부분의 학자들은 기획과정의 단계를 협의의 입장에서 분류하고 있다. 이에 대하여 주요 학자들의 예를 보면 다음과 같다.

G. B. Galloway는 기획과정의 주요 단계를 5개로 구분한다.[55] ⅰ) 추구하여야 할 목표의 결정(determination of objectives), ⅱ) 사실의 모집(fact gathering), ⅲ) 대안의 탐색(setting forth alternative solutions), ⅳ) 정책결정 또는 대안선택(policy-making or choosing among

---

55) George B. Galloway(ed.), Planning for America(New York: Holt, Rinehart and Winston Inc., 1945), pp.5~6.

alternatives), ⅴ) 선택된 대안이나 운영계획의 구체적 집행(detailed execution of the chosen alternative or operational planning).

E. C. Banfield는 4단계로 구분한다.56) ⅰ) 상황의 분석(analysis of the situation), ⅱ) 목적의 구체화 및 정교화(end reduction and elaboration), ⅲ) 행동노선의 설계(the design of courses of action), ⅳ) 예상되는 효과의 비교평가(the comparative evaluation of consequences).

H. Koontz와 C. O'Donnel은 6단계로 구분한다.57) ⅰ) 목표의 설정, ⅱ) 전제(premises)의 설정, ⅲ) 대안적 행동노선의 모색과 검토, ⅳ) 대안적 행동노선의 평가, ⅴ) 행동노선의 선택, ⅵ) 필요한 파생계획의 수립.

이들 학자들의 단계구분에서 볼 수 있는 바와 같이, 보는 과정에 따라 단계를 달리하나 본질상 큰 차이가 없음을 볼 수 있다.

(2) 기본단계

위에 제시한 학자들이 견해를 종합할 때 기획과정을 다음과 같이 7단계로 규정할 수 있다.

① 목표의 설정

목표의 설정은 기획과정에서 제1단계에 해당되는 중요과정으로 이루고자 하는 무엇인가를 결정 또는 확정하는 일이다. 이는 기획을 필요로 하는 이유와 직결되며 현실적으로 직면한 문제점을 해소하거나 또는 소망하는 미래를 창조하려는 데 목적을 둔다. 이러한 목표설정에는 규범적·가치판단적 요소가 내포되는 것이 특징이다.

---

56) Edward C. Banfield, "Ends and Means in Planning," in Sidney Mailick and Edward H. Van Ness(eds.), Concept and Issues in Administrative Behavior(Englewood Cliffs, N. J: Prentice-Hall, 1962), pp.72~73.

57) Harold Koontz and Cyril O'Donnel, Principles of Mandgement: An Analysis of Managerial Functions, 2nd ed.(New York: McGraw Hill Co., 1959), pp.476~481.

목표설정에 있어서는 다음과 같은 몇 가지 요건이 구비되어야 한다.58)

첫 째, 표명된 목표(stated goal)와 실제목표(real goal) 사이에 괴
리가 있어서는 아니 된다.

둘 째, 계획된 목표는 문제해결을 위하여나 지향하는 미래상태에 비추어
타당성이 있어야 한다.

셋 째, 계획된 목표들 사이에는 내적 일관성(internal consistency)
이 확보되어야 한다.

넷 째, 계획된 목표는 구체적이고 실제적(practical)이어야 한다.

다섯째, 계획된 목표는 실현가능한 것이어야 한다.

여섯째, 계획된 목표는 수정될 수 있는 융통성을 가져야 한다.

이러한 요건을 갖춘 목표들은 그 성질에 따라 상위목표·중간목표·하위
목표 등으로 구조화될 수 있다.

② 상황의 분석과 판단

목표설정 다음의 단계는 현재 및 장래에 대한 상황분석 및 판단의 과정
이다. 상황분석은 먼저 현황에 대한 정확한 진단부터 시작하여야 한다. 왜
냐하면, 현재 우리가 가지고 있는 것(what we have now)과 우리가 원
하는 것(what we want) 간의 간격을 측정하여야만 기획활동을 통하여
수행되어야 할 확실한 과제내용을 결정할 수 있기 때문이다.59) 그러나 현
황분석과 목표설정은 완전히 분리되어 이루어지는 것은 아니다. 어떤 면에
서 양자는 동반적으로 또는 반복적으로 이루어진다고 할 수 있다. 이러한
상황분석에 있어서 필수적인 요소는 기존의 문제점, 예상되는 문제점, 목표
달성의 장애요인 등이다. 이 중에서도 특히 장애요인을 찾아내는 일이 중요
하다. 이러한 활동을 위해서는 무엇보다 관계상황에 대한 정보 및 자료의 모

---

58) 김신복, 「발전기획론」(서울: 박영사, 1984), pp.108~110.
59) John D. Millet, The Process and Organization of Government Planning
(New York: Columbia University Press, 1947), pp.44~46.

집이 필요하다. 정보와 자료는 정확하여야 하며 개인의 의견이나 편견이 개입되어서는 아니 된다. 이와 같은 정보나 자료모집은 간행물, 연구문헌, 각종 통계 등을 통하여 획득하지만 현장조사(field survey)에도 크게 의존한다.

또한 상황분석은 현재 상황의 분석은 물론 미래에 예상되는 상태에 대한 예측도 병행하게 된다. 이를 위한 방법으로는 법칙이나 논리적 사유에 의한 연역적 예측, Delphi 기법을 이용한 주관적 예측, 추세분석이나 회귀분석 등 통계적 기법을 이용한 계량적 예측방법이 적용된다.[60]

(3) 기획가정의 설정

기획과정의 제3단계는 기획가정(planning assumption) 또는 기획의 전제(planning premise)를 설정하는 일이다. 여기서 기획가정이란 계획을 수립하는 과정에서 토대로 삼아야 할 주요 전제 또는 전망을 말한다.[61] 정보는 완전할 수 없고 미래의 상황은 항상 유동적이고 가변적인 것이므로 기획가정의 설정이 필요하다.

상황분석은 현실적인 여건을 주요 대상으로 삼는 데 비하여 기획가정은 반드시 미래의 예측 또는 전망을 대상으로 삼는 점에서 양자는 상이하다. 이것은 상황분석의 과정에서도 미래에 예상되는 문제점을 예측하는 활동이 전개되지만 기획가정은 계획에 중대한 영향을 미칠 요인에 관한 가정인 점에서 다르다. 바람직한 계획을 위해서는 장래가 지니는 불확실성을 감소시키고 장래에 있어 무엇이 어떤 방법으로 작용할 것이며, 어떤 현상이 어떤 형태로 나타날 것인가 등의 전제를 설정하여야 한다. 따라서 이러한 활동은 어떤 분야도 포함할 수 있다. 또한 기획가정은 논리적 사유와 객관적 판단에 근거하여야 하며 미래에 예상되는 모든 요소를 고려하여야 한다. 그러나 기획가정은 기획주체가 통제할 수 있느냐의 여부에 따라 다음과 같이 세 가지 유형으로 나누어진다.

---

60) 김신복, 전게서, p.112.
61) Harold Koontz and Cyril O'Donnell, op. cit., pp.15~30.

① **통제 불가능한**(non-controllable) 기획가정 기획주체가 직접 관여하여 통제할 수 없는 성질의 기획가정이다. 예를 들면, 국제정세의 다원화 경향, 석유가격의 고저, 신생독립국가의 출현 등이 이 범주에 속한다.

② **반통제가능한**(semi-controllable) 기획가정 기획주체가 완전히 통제할 수 없으나 어느 정도 통제할 수 있는 기획가정이다. 예를 들면, 국내의 인구증가율, 물가상승률, 고용수준, 수출증대 등의 가정은 노력 여하에 따라 상당한 정도까지 통제가 가능하다는 것이다.

③ **통제가능한**(controllable) 기획가정 기획주체가 독자적으로 통제할 수 있는 기획가정이다. 예를 들면, 행정기구의 개편, 통화량 등이 이 범주에 속한다.

(4) 대안의 탐색과 비교평가

기획과정에서 네 번째의 과정은 대안의 탐색과 평가이다. 즉, 여러 개의 가능한 행동노선인 대안을 탐색하고 그것들을 비교·평가하는 과정이다. 따라서 목표달성을 위하여 선택 가능한 대안을 광범위하게 탐색하는 노력이 필요하다. 일반적으로 대안을 도출하는 준거기준은 기획담당자의 조직이나 과거의 경험 또는 조직이 취해 온 실례에 의한다. 그러나 과거의 경험이나 선례들에 준거하여 도출한 대안은 그 타당성에 한계가 있다. 왜냐하면, 상황이나 여건은 항상 변화되는 속성을 가지고 있기 때문이다. 때문에 대안의 탐색에는 창의성(creativity)과 쇄신성(innovation)이 요구된다. 둘째, 여러 가지 대안들이 탐색된 다음에는 각 대안의 비용과 효과를 비교·분석하여 장단점을 가려냄으로써 적정선택의 기초를 마련하여야 한다. 이것이 비교평가의 활동이다. 이와 같은 비교·평가를 위해서는 다음 사항을 유의하여야 한다.

① 탐색된 제 대안이 실천에 옮겨졌을 때 발생할 모든 중요 결과를 예측하여야 한다.

② 대안 간의 차이점 비교에 주의를 집중시켜야 한다.

③ 결정적인 요소들(crecial factors)을 비교·분석하여야 한다.

④ 한계적 분석(marginal analysis)을 행하여야 한다.

(5) 최종안의 선택

여러 가지 대안 중에서 목표달성을 위해 가장 바람직한 대안을 선택하는 단계이다. 이제까지의 과정 속에서 상대적인 평가가 이루어졌으므로 최종안의 선택은 매우 용이한 것으로 인식되기 쉬우나 선택에는 복잡한 기준과 절차에 따라 이루어지게 되므로 결코 간단한 일이 아니다. 이 단계에서 취하게 될 기준과 절차에 대하여 Newman과 Summer는 다음과 같은 사항을 제시하고 있다.[62]

① 가치판단(valuation of projected results) : 선택의 주체가 인간인 이상 최종안의 선택에는 개인적인 주관이나 선호 등의 가치판단이 개재된다. 이것이 최종안의 선택을 어렵게 한다. 따라서 가능한 한 이를 배제하는 노력이 요구된다.

② 불확실성에 조절 미래는 현재로서의 예측하기 어려운 불확실성의 요소들이 많아 최종안의 선택을 어렵게 한다. 이를 극복하기 위해서는 ⅰ) 통계적 확률(statistical probability)을 이용하거나, ⅱ) 신뢰할 수 없는 자료(unreliable data)를 찾아내어 제외시키거나, ⅲ) 불완전한 자료(incomplete data)는 그것이 보완될 때가지 미루는 방법을 취하는 것이 바람직하다.

③ 선택의 검증 : 선택된 대안이 과연 최선의 것인지 또는 합리적인 것인지를 검증하는 과정이 필요하다. 이 검증은 ⅰ) 선택에 이르기까지의 분석과정과 근거자료를 재검토(re-examining), 특히 기획과정의 타당성 여부 및 선택된 대안의 실현가능성(feasibility) 검토와 ⅱ) 이해관계자들로부터의 동의확보(securing consensus) ⅲ) 선택된 대

---

62) William H. Newman and Chales E. Summer, J., The Process of Management: Concepts, Behavior and Practice(Englewood Cliffs, N. J: Prentice-Hal, 1961), p.321~334.

안을 부분적으로 적용해 봄으로써 실제효과와 문제점을 파악하여 전면적 실시여부를 결정짓는 방법인 시험적 시행(pilot runs)까지를 포함하는 것이 바람직하다.

(6) 집행계획의 수립

대안, 즉 계획이 채택되면 이의 효과적인 집행을 위한 부수적인 계획이 수립되어야 한다. 누가(who), 언제(when), 어디서(where), 무엇을(what), 어떻게(how) 수행하는지에 관한 구체적인 실천계획이 준비되어야 한다. 또한 이에 필요한 행정조치가 수반되어야 한다. 상세한 일정(schedule) 표시나 주관 부서의 명시는 전자의 사항(실천세부계획)이고 관계법령의 정비, 인원 외 배치, 예산조치 등은 후자의 사항(행정조치)이다. 이를 위해서는 Gantt나 Chart나 PERT(Program Evaluation and Review Technique: 사업계획의 평가 및 심사기술)시법을 사용하는 것이 바람직하다.

(7) 기획의 통제·심사분석 및 평가

기획과정은 전술한 계획수립을 위한 과정 이외에 기획의 통제·심사분석 및 평가까지를 포함한다. 이것은 기획과정을 광의로 본 입장이다. 통제란 계획이 시행과정을 거치는 동안 기획주체가 의도했던 목표나 기대대로 수행되었는가의 여부를 밝혀 이에 미달된 부분이나 기타 파생문제를 시정 조치함으로써 소기의 기획효과를 구현하려는 노력을 뜻하고, 63) 심사분석은 이미 설정해 놓은 목표 또는 기준과 집행성과를 대비하여 양자 간의 편차를 찾아내는 활동을 말하며, 평가는 계획이 거둔 효과측정(사후평가 또는 총괄평가)뿐만 아니라 기획 전 과정에서의 각 단계 활동이 합리적으로 이루어지고 있는가와 집행 중에 발견된 문제점에 대하여는 환류작용에 의하여 시정 조치가 이루어졌는가를 검토하는 평가(과정평가)까지를 포함한다. 기획과정은 이와 같은 활

---

63) 김봉식, 「기획론」(서울: 박영사, 1976), p.146.

동들이 환류(feedback)되고 난 후에야 비로소 종료된다고 할 수 있다.

2) 기획의 애로점

기획은 수립과정이나 집행에 있어서 여러 가지의 애로점에 직면하게 된다. 애로점 중에서 주요한 것을 들면 다음과 같다.

(1) 미래예측의 곤란성

미래는 본질적으로 불확실성과 가변성을 속성으로 한다. 따라서 미래예측은 극히 어려운 일이다. 더구나 완전한 예측이란 불가능한 일이다. 근래에는 과학이 고도로 발달되었고 미래예측의 기법들이 많이 개발되었다고는 하지만 장래에 발생할 사태에 대하여 정확한 예상을 장담할 수는 없다.

(2) 정보와 자료의 부족

미래를 예측하여 합리적인 기획을 수립하기 위해서는 그에 필요한 정보와 자료가 뒷받침되지 않으면 안 된다. 그러나 현실 면에서 볼 때 크게 부족할 뿐만 아니라, 구비된 자료라 할지라도 체계적으로 정리가 되지 아니하여 사용할 수 없는 경우가 많다. 이러한 기획정보 및 자료의 부족은 선진국보다 후진국이, 선진지역보다 후진지역이 더욱 심하다.

(3) 기획에 대한 인식부족

일반적으로 인간은 미래에 대한 계획을 설계하기를 기피하는 속성을 지니고 있다. 따라서 아무리 훌륭한 구상을 가지고 있더라도 이에 대한 인식이 부족하면 기획은 유명무실한 것이 되기 쉽다. 더구나 사람들은 장래의 문제보다 당면문제에 크게 관심을 가지고 있다는 점에서 기획은 한계에 봉착하게 된다.

(4) 기획요원의 능력부족

실현가능성이 높은 바람직한 계획을 수립하려면 기획하고자 하는 분야의 전문지식은 물론 기획의 과정 및 기법에 관한 소양을 갖춘 기획요원이 필요하다. 그러나 이들을 확보하는 일은 용이한 일이 아니다. 현실적으로 기획요원을 양성하는 제도적 장치가 대단히 미흡하고, 다행히 우수한 기획요원을 양성하였다 하더라도 기획업무 이외의 부서에 배치되는 경우가 많다.

(5) 시간과 비용의 제약

기획은 그 과정에서 볼 수 있는 바와 같이 목표를 설정하고 상황을 분석하며 기획가정을 세운 다음 여러 대안을 비교하여 최종안을 선택하자면 많은 시간과 비용이 필요하다. 환원하면, 좋은 계획을 수립하기 위해서는 충분한 시간적 여유와 재정지원이 요구된다는 것이다. 우리나라의 5개년 계획이 2년여의 기획기간과 막대한 비용이 투입되었음은 좋은 예가 된다.

(6) 신뢰성의 결여

기획은 행동노선을 정하는 것이기 때문에 행정의 경직성을 초래하기 쉽다. 기획이 정밀한 것일수록 경직성은 더욱 크게 된다. 이것은 행정 책임자들이 행태와도 깊은 관련을 가지는 애로점이기도 하다. 왜냐하면, 행정 책임자들은 일단 구체적인 계획을 수립하고 나면 안도감에 빠져 상황이나 여건변화에 무감각하게 되기 쉽기 때문이다.[64]

(7) 정치적·행정적 지원의 미약

기획이 성공적으로 추진되려면 정치지도자나 고위관리자들이 기획의 중요성을 충분히 인식하고, 이에 대한 행·재정적 지원을 아끼지 말아야 한다. 그러나 대부분의 경우에 이에 대한 지지나 지원이 부족한 것이 현실이다.

---

64) 유종해, 「현대행정학」(서울: 박영사, 1985), p.288.

따라서 계획은 형식적인 장치에 머물게 된다. 이러한 현상은 최고관리자의 개인적 의도가 지배되는 행정문화의 전근대적 타성과 함께 기획의 무용론을 거론케 하기도 한다.

(8) 기획의 Gresham법칙화

"악화는 양화를 구축한다"는 그레샴의 화폐법칙이 기획에도 적용된다는 것이다. 즉, 관리자는 일반적으로 실행이 용이한 일상적 업무와 정형적 결정을 선호하고, 실행이 어렵거나 쇄신적인 기획(innovative planning) 또는 비정형적인 결정을 등한시 내지 경시한다는 것이다.[65]

(9) 행정의 비합리성

기획의 수립이나 집행에 있어서 ⅰ) 우수한 인재를 기획부서에 배치하지 않는 불합리한 인사관리풍토, ⅱ) 번잡한 행정절차, ⅲ) 뒤떨어진 회계제도와 지나친 재정통제, ⅳ) 조정기능의 미흡, ⅴ) 무원칙한 행정기관의 확산과 신설 등의 난립은 기획제도의 운영을 어렵게 한다.

기획의 분류와 접근방법

기획의 분류와 원칙

기획의 유형
(1) 대상기간별 분류
① 단기계획(short-term plan)
② 연차계획(annual plan)
③ 운영계획(operative plan)
④ 조정계획(adjustment plan)

실현성(feasibility)이 높다는 장점이 있는 반면 구조적 변동이나 획기적인 발전을 기대하기 힘들다는 단점

---

65) 박연호, 「행정학신론」(서울: 박영사, 1984), p.414.

제 2 장
기획에 대한 사례

I. 목적과 대상 집단

공무원의 교육은 행정교육 체제관리의 혁신과 끊임없는 더 나은 발전을 위해서 필수 불가결하다. 이것은 또한 기획의 혁신훈련 분야에 적용된다. 이 기획훈련안내서의 목적은 행정활동에서 더 큰 능률성 달성을 위해서 기획방법에 있어서 향상과 기획역량의 확대라는 측면에서 행정조직 역할수행에 관한 많은 현직 서비스 훈련방법에 대해 관심을 가지고 있는 기관들을 돕는 것이다. 기획의 영역에서 혁신을 위한 현직 교육훈련의 공헌은 다음에 특히 관련된다.

- 기획에 대한 공무원의 동기부여의 자극
- 의사결정 과정의 합리성과 투명성 향상
- 예를 들어, 계획운용절차의 방법을 통한 이미 형성된 의사의 집행을 위한 계획적인 활용과 발전뿐 아니라 과정의 활용과 발전 중 단기 프로그램과 재정기획의 수단을 들 수 있다.
- 부합하는 기획조직뿐 아니라 행정목적에 적합한 새로운 기획방법 및 절차의 개발 및 소개를 한다.
- 연방 주정부 및 지역수준에서 내용과 방법에 관련하여 기획조정의 확보

이 안내서의 주요 대상 집단은 독일 연방정부의 연수기관의 기획세미나 참가자들이다. 이러한 맥락에서 이 교재는 그 세미나에 사용되고 후속작업으로 제공될 수 있다. 그것은 지식의 전환이 지속적으로 보장되고 그래서 세미나에서 학습된 기획방법이 실제로 행정실무에 적용될 수 있을 것을 더

욱 확실히 한다.

세미나 참석자들은 또한 고차의 교육과정을 완성한 후 오랫동안 그들의 활동영역에서 기획의 업무를 풀기 위해서 기획훈련안내서의 개별적 훈련부문에 포함된 기획수단의 서술을 여전히 독립적으로 평가, 적응시킬 수 있어야 한다.

이미 전문적인 실무에서 충분한 경험을 습득한 기획 업무와 관련되어 종사하는 공무원을 위해서는 이 기획안내서는 사용자가 전에 기획방법에 대한 훈련세미나에 참가하지 않았을지라도 참고서로서 기능을 할 수 있을 것이다.

Ⅱ. 구성과 체제

기획기술은 여러 가지에 적용을 받을 수 있고 영향을 줄 수 있다.

1. 행정실무로부터 예로 설명된 방법의 적용단계
2. 특정유형의 문제처리를 위한 기획기법의 적합성 관련정보
3. 행정과 경영실무에 있어 기획기법의 명확한 적용에 관련된 정보
4. 행정에 있어 적용 가능한 미래분야의 관련된 정보
5. 기획기법의 단점과 제한
6. 행정실무에서 특별히 기획기법의 이용과 관련된 경험에 대한 현존하는 보고서 관련정보

만약 행정실무에서 기획문제가 발생한다면 다음을 언급한다.

-어떤 적용분야(예: 사회간접자본의 기획)
-어떤 기획과정상의 단계(예: 대안모색)

Ⅲ. 기획과 기획단계

이 훈련안내서에서 제공되는 기획방법의 선택은 적용분야에 관하여 언급한다. 다시 말해, 기획의 적용분야는 과학적 저술의 풍부함이 전문용어의 명료하고 확실한 정의를 제공하기 위한 노력의 성과에 따라서 상호 관계에 있다. 그것은 심지어 기획실무자의 일에서조차 필수적이다. 이해하기 어려운 것은 '기획'과 '기획단계'라는 용어의 해석에서부터 시작된다. 기획과정에서 활용의 영역이나 주제문제인 과학적 학리에 따르면, 각각의 사례에 관련된 다양한 기획문제의 더욱 철저한 분석과 조작화는-가장 세부적 사항으로 분화되어 있고 부분적으로 서로 모순되는데-이것은 많은 다양한 정의를 가진 다수의 완전하고 독립적인 기획철학의 발전을 가져왔다. 행정의 분야도 이 상황에 예외일 수 없다. 최종분석에서 기획이론의 명료성 부족, 불충분한 이해부족, 그리고 통제 불가능한 복잡성 부족으로 인해서 행정에 있어 욕구와 도전을 받아들이고 활용하려는 당사자나 관련 당사자의 의지의 부족을 초래한다. 반면에 기획은 능률적인 행정활동을 위한 필수 불가결한 도구이다. 오늘날-과거에도 그러했고 미래에도 그럴 것이기 때문에-어떤 결정자도 임의적이고 임기응변식 결정에 기초해서 행정활동과정을 시작할 수는 없다. 그것은 단지 예상치 못한(기획의 부족) 사건에 무모한 반응을 반영할 뿐이다. 임기응변식 결정과 반대로 기획결정은 결정으로부터 기인한 수단의 실행 이전에 최소한의 경과시간을 필요로 한다. 기획결정이 완료되었을 때 그 관련정보의 불완전성으로 인해 기획이 자체적으로 잘 알려진 오류의 위험을 내포하고 있다. 그러나 시간적 압박과 행동의 필요성 아래 '직감에 따라서' 이루어진 결정이 얼마나 높은 오류의 위험이 있겠는가? 수단을 실행하기 위해 의도되었거나 또는 외부적으로 결정된 최종마감을 내리기 전에 충분한 시간이 있다면, 그것은 사실상 실현될 수 있는 활동의 잠재적 대안의 완벽한 유형일 뿐이다. 즉, 집행을 위한 시간이 다가옴에 따라 다음 경우와 같이 변한다. 그 모든 대안들은 연쇄적으로 분석되는데, 이는 실행이 더 많은 준비시간을 필요로 하기 때문이다. 기획을 통한 의사결정의 준비의 모든 이익, 장점, 성공의 결과는 최종분석 결과 아주 간단한 측정요소에서 추적될 수 있을 것이다. 생각할 충분한 시간을 가질 것. 따라서 기획은 목표와 가능한 활동과정 사이에서 나타날 수 있는 상황이 더 복잡하고 덜 명확할수록 더욱 더 필수 불가결하게 된다. 또한, 환경의 영향과 관련하여 활동의 성공을 결정짓는 변수체계가 많을수록, 그것은 시간의 연속적 흐름의 변화에 영향을 받는다.

행정에 있어 기획의 주관적인 '이미지'와 객관적 필수 불가결함 사이에 그려진 이율배반성에 비추어, 그것은 완벽한 이론의 상부구조를 제공함으로써 기획실무를 위한 사용자의 동기를 감소시키거나 완전히 제거하는 것은 이 기획훈련안내서의 목적에 어긋나게 될 것이다. 이러한 이유로, 안내서의 기획훈련부분은 기획 및 기획단계와 연관되는 중요 개념의 간단한 주석 소개로 서두를 달았다.

어떤 특정사건 시간의 의사결정이나 집행에 이른 기획이란 그 자체가 이런 범위에서 하나의 사건이 아니라 오히려 모든 기획과정에 적용되는 어떤 연속된 논리에 입각해서 서로 연결된 하나의 사건들의 연쇄를 가진 과정이다. 기획과정

에서 세분화 시의 단계에 들어서면 끌어들여지거나 끌어들여야 할 세분화 정도
의 문제는 단지 각각의 사례에서 실제 기획업무(과정의 단계별 세분화)를 고려
하는 것에 의해 답해질 수 있다. 기획실무를 위해 정당화될 수 있는 최소화된
기획의 단계들로 된 간단한 네 단계의 모델은 다음과 같이 이루어져 있다.

1. 계획의 준비(예비적 형성)
2. 계획의 결정(결정, 형성)
3. 계획 집행(실현)
4. 계획 분석(평가)

이 최소한의 모델은 기획영역에서 두 가지 중요한 통찰을 이미 제공하는
데 이용될 수 있다. 첫째, 엄격히 말해서 기획과정은 '결정'의 단계에 도달
하면 종료하게 된다. 이러한 가정을 고려하면, 기획단계는 의사결정 과정의
첫 단계이며, 그것은 '집행' 그리고 '통제' 단계를 뒤따른다. 과정분석의 관점
에서 기획의 개념해석은 '협의의 기획'을 지칭한다. 그러나 그것은 '광의'의
기획전략에 기초를 둔 실행이다. 어찌해서 의사결정이 기획과정의 한 단계
를 나타내는가? - 위의 예시와 같이 의사결정이 기획과정의 한 단계를 나타
내는 것으로 알 수 있다.

둘째, 추가되는 기획단계의 목록인 '평가'는 앞으로 연결되는 개방루프(피
드백이나 자동수정 장치가 없는 체제)의 통제체제가 아니라 사이버네틱 서
클의 형태인 환류체제라는 것을 가리킨다. 계획평가의 결과로부터 이끌어진
결론은 새로 시작된 기획사이클을 위한 기초가 된다. 그래서 시간적 과정에
서 기획사이클은 (새로운) 기획사이클과 연결되고, 최종의 결과로서 서로
맞물려진 사이버네틱 기획사이클의 체계가 나타난다. 더욱더 광범위하게 분
화된 기획절차의 예는(관리업무로서) 아래와 같이 소개되는 기획의 9단계
모델이다. 여기서 결정된 기획단계는 이 기획훈련안내서의 Part Ⅲ의 조사
기반(matrix)의 기획단계 체제와 서로 연결된다.

1. 기획과정의 각 단계 구조

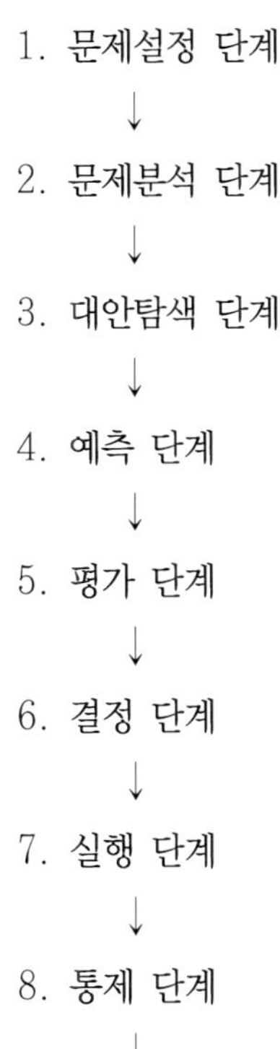

기획사업계획의 기간에 관련하여 단기(1년 이내), 중기(1년에서 5년 이하), 장기(5년에서 10년)로 구별될 수 있다. 기획단계 서열은 이 분류로부터 순서대로 파생된다. 5년 이내의 조작적인 단기계획들은 전술적인 중기계획으로 결합되고 1~3년의 계획들은 전략적인 장기계획을 형성하고, 이것은 장기계획 가장 큰 범위의 시간적 범위에 의해 결정된다.

2. 막대도표기법(BAR CHART TECHNIQUE)

1) 기법의 기술

(1) 개 요

막대도표기법에서 계획의 여러 활동들은 시간축의 막대(bar)로 표시된다. 막대의 길이는 각각의 활동에 소요되는 시간에 해당하며 프로젝트에 소요되는 전체 시간은 다음과 같은 형태로 만들어질 수 있다.

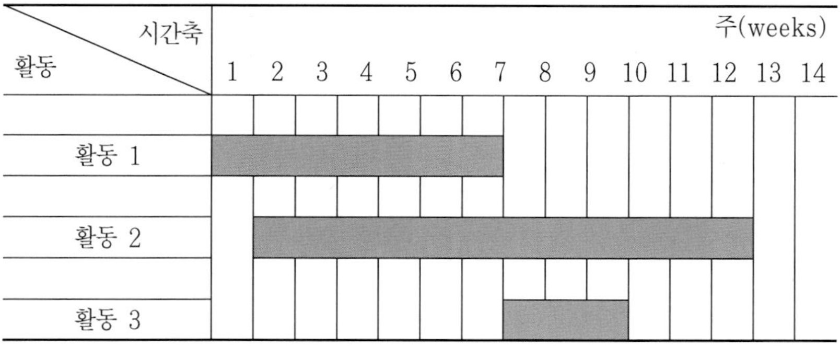

활동 \ 시간축	주(weeks) 1 2 3 4 5 6 7 8 9 10 11 12 13 14
활동 1	1–7주
활동 2	2–12주
활동 3	8–10주

막대도표는 기획관리자들에게 명료하게 정돈된 형태로 그 계획의 일정을 나타내주는 수단을 제공해 준다.

(2) 작업단계들(예시: 관청건물의 이사)

① 사업계획 책임자의 지명
  (자산관리부의 담당공무원)
② 사업계획의 명료한 기술

(이전신청에 따른 건물의 이전)
③ 사업계획 책임자가 명확한 결정이 가능한 모든 활동의 결정
(전화선의 가설, 벽칠, 가구의 이송)
④ 사업계획 책임자가 각각의 활동에 대한 소요시간의 결정
(통상적으로 정부계획에 사용되는 단위는 수일 혹은 수주이다.)
⑤ 사업계획상의 연속되는 개별 활동의 기획
(카펫은 캐비닛을 설치하기 전에 깔아야 한다.)
⑥ 막대도표에서 개별 활동의 시간적 위치 결정
(관청건물의 이사에 대해 예시하여 놓은 막대도표는 다음 페이
지에 있음)
⑦ 그들의 활동들을 기획하는 보조수단으로서 막대도표를 사업 책임
자에게 분배

2) 문제 유형에 대한 적합성

단순한 사업계획의 기획, 통제 및 감시에 매우 적합함. 복잡한 사업계획
에 있어서는 다음과 같은 부분에서 적합한 기획 보조수단이 된다.
- 대강의 기획
- 보고서적인 측면에서 정보의 제시

막대도표의 장점은 그래프 형식의 표시가 매우 선명하다는 것이다. 이는
계획의 내용과 일정을 비전문가도 이해할 수 있도록 해준다.
막대도표는 빨리 습득할 수 있는 단순 기법이다. 이 도표의 준비를 위한
비용은 거의 들지 않는다.

3) 과거 행정 및 경영실무에서 기법의 적용사례

이 기법은 행정실무에서 광범위하게 활용된다. 여기에는 복잡한 성질을 지니지 않은 계획들이 많다. 이는 그들이 지향하는 목표와 그 사업계획에 참여하는 사람의 수에 있어서 완성될 업무가 규칙적으로 수행되는 영역에서는 특히 잘 들어맞으나 업무들은 각 경우마다 다르게 나타난다.

※ 공공행정에서 알려진 적용사례
　-독일 연방 내무부에서 연방정부의 기술대학의 설립
　-독일 연방 농무부에서 농업보고서의 제출

또한 이 방법은 경영실무에도 자주 적용된다. 그 특별한 이유 중 하나는 이 방법이 20세기 들어서부터 익숙해졌기 때문이다.

4) 행정에서 가능한 미래의 응용분야

이 방법은 단순한 사업계획들과 관련된 기획 및 통제문제의 해결책으로써 더욱더 광범위하게 사용될 것이다. 또한 이는 복잡한 계획과 관련된 정보의 제시를 위하여 고위관리층을 위한 시각적인 자료의 역할도 할 것이다.

5) 기법의 단점 및 한계

막대도표로는 개별적 활동과 연관된 작업들의 상호 관련성, 예를 든다면 그들 간의 논리적인 상호 의존성을 나타내기는 어렵다. 결과적으로 연속계획에 특히 중요한 활동들은 확인할 수 없다. 따라서 전체 사업계획상에서 개별 활동들을 변화시키고 지연시키는 영향관계는 어렵게 인식될 수밖에 없다.

이상과 같은 이유로 참여자들의 빈번한 회의와 조정은 복잡한 계획을 위하여 요구된다. 이것은 비생산성, 시간의 부족 및 허용시간의 초과의 원인으로 작용한다. 따라서 막대도표 기법은 복잡한 계획에 대하여 그의 유일한 통제 및 점검수단으로서는 비능률적이다.

관청건물의 이사에 대한 막대도표

활동들＼시간축	1	2	3	4	5	6	7	8	9	10	11	12	13	14	15
1.이사 명령	■														
2.운송회사와 계약체결		■													
3.파일 캐비닛 주문		■													
4.붙박이 캐비닛의 이동성 파일체제로의 전환		■	■	■											
5.전화선 가설		■	■												
6.서류철의 포장		■	■	■											
7.새 문패의 준비		■													
8.파일 캐비닛 운반			■	■	■	■	■								
9.벽칠			■	■	■										
10.서류철 운송				■	■	■									
11.문패부착			■												
12.붙박이 캐비닛 광내기						■	■								
13.유연성 섬유판의 설치						■									
14.카펫 깔기							■	■							
15.서류 캐비닛 설치									■						
16.이동가구의 운반										■	■				
17.지출 결의												■			
18.서류 정리												■	■		
19.새 전화번호 연결														■	
20.방의 양도															■

6) 실무행정에서 구체적으로 사용된 기법의 활용경험에 관한 보고서

실무행정에서의 기획은 단기·중기·장기 계획의 효율적 분배와 활용이 있어야 한다. 가장 적합하고 합리적인 계획을 기획으로 변환 적용이 되어야 할 것이다. 주체적이고 적용 가능성이 있어야 한다. 기법 활용의 단점과 한계를 극복하는 활용경험이 필요하다.

---

(2) 중기계획(medium-term plan)
- 3년 내지 7년을 대상기간으로 하는 계획을 말하며 5개년 계획이 가장 일반화

(3) 장기계획(long-term plan)
- 대체로 10년 내지 20년에 걸친 계획기간을 가지며 실제로는 계획이라기보다 전망(perspective)의 성격이 강함
- 장기적인 발전전망과 비전(vision)하에 구조적인 변화와 지속적인 개발을 추진할 수 있다는 장점
- 구체화되지 못하여 집행계획으로서의 실제성(practicability)이 약하고 계획기간이 경과함에 따라 실제와 유리되기 쉬움
1) 수준과 대상별 분류
- 계획에 있어서 염두해 두어야 할 것은 그 적용 대상과 범위에 있어 수준별, 대상별 차등 적용인 것이다.
- 발전가능성이 있어야 하는데 그것은 적합성과도 일맥상통하는 것이다. 적합성이 존재하지 않으면 그 계획은 쓸모없는 쓰레기가 되는 것이다.
2) 지역수준별 분류
(1) 지방계획(local plan)
(2) 지역계획(regional plan)
(3) 국가계획(national plan)
(4) 국제계획(international plan)

3) 대상분야별 분류
(1) 경제계획(economic plan)
(2) 사회계획(social plan)
(3) 물적 계획(physical plan)
(4) 방어계획(defence plan)

---

3. Brainstorming / Brainwriting

브레인스토밍 기획을 간단히 설명하여 보면 다음과 같다.

1) 기법의 기술: Brainstorming

(1) 개 요

Brainstorming의 본질은 다음과 같다: 대략 4~12명의 집단 내에서 사회자에 의해 제기된 구체적이고, 명확하고, 협소하게 한정된 문제로부터 시작하여 새롭고 비상습적인 해결책의 최대가능한 수가 짧은 시간(대략 30분) 안에 발견된다. 그 과정에서 그렇게 수집된 idea의 아주 낮은 비율만이 직접 실행가능한 것으로 받아들여지고 있다.

Brainstorming이란 용어는 1939년, 유명한 미국광고회사의 Alex Osborne에 의해서 창의성을 촉진시키기 위하여 개발된 기법에 사용되었다.

Brainstorming은 집단동태론의 요소를 사용하는 문제해결에 대한 직관적이고 부정확하며 자아 발견적인 방법 중의 하나이다. 그것은 창의성 촉진을 위한 가장 오래되고 잘 알려진 방법인데 한동안 Brainstorming이 유행적인 현상처럼 부분적으로 오용되어져 왔다. 모든 단순하고 비공식적인 피고용자 회의가 Brainstorming 회의는 아니다. 경영과 행정에 있어서 Brainstorming이란 단어는 Brainstorming 회의의 실질적 적용을 위한 다양한 연구로 인해 매우 자유롭게 해석되어진 듯하다. 한편 Brainstorming은 비교적 많은 변형들을 통해서 보다 더 세련되어지고 개발되어 왔다.

(2) 다양하게 적용되는 기법들

Inverse Brainstorming(destructive-constructive Brainstorming 이라고 불린다): 우선 문제와 결점에 대한 자세한 탐색이 행해진다. 그러고 나서만이 해결책을 위한 탐색이 시작된다.

Little Technique(didactic Brainstorming으로 잘 알려져 있다.): 폭 넓은 사전준비와 비일반화 단계를 통해서 Brainstorming을 보다 발전시 킨다.

SIL method: 해결 요소의 체계적 통합, 마찬가지로 부분적 해결책을 결합하기 위한 제도적 압력과 함께 Brainstorming을 보다 더 발전시킨다.

phillips 66: 6명의 참여자가 각각 여러 집단들을 형성하고 약 6분 동안 독립된 문제를 토론하고 일정한 본회의에서 어떤 상황하에 다양한 반복을 통해서 현재의 해결책을 제시한다.

Creative development: 참가자에게 문제를 체계적으로 소개하고 문 제해결 과정의 자동화를 통해서 Brainstorming을 보다 더 발전시킨다.

※ **brainstorming에는 다음의 5가지 기본규칙이 있다.**
1. 짧은 시간 내에 많은 idea의 제시를 한다.
2. 이상하거나 비상식적이고 터무니없는 idea들이 필요하다.
3. 이미 현존하는 idea에 대해 언급되어야 하며 다양한 idea들이 서 로 연결되어야 한다(idea의 상호 결합에는 자발적 능력이 요구될 것 이고 글을 통해 다시금 '통례적인' 상식적 사고의 전용과 정체적인 사 고가 극복될 것이다).
4. 비판과 평가는 idea 탐색과정 중에는 금지된다(구두이건 몸짓／태

도이건): idea평가는 제일 나중으로 미루는 것이 기본적 원리이다.

5. idea에 대해 저작권을 주장할 수 없다(발언자의 이름은 등록되지 않
   는다).

Brainstorming회의의 마지막에선 논의되어 왔던 해결책에 대한 제안의 즉각적이고 비판적인 검토를 그 그룹 스스로가 하는 것이 유용할 수 있다. 이것은 공식평가위원회가-시간과 동기의 부족으로-처음에 검증 없이 받아들여졌던 idea들을 배제하는 것을 막아준다.

실제적인 평가는 그룹에 의해서 행해지는 것이 아니라 영구적 조직 또는 사건별 조직에서 이러한 목적을 위해 자명되어진 idea평가위원회(둘 이상의 학문에 걸친 전문가집단)에 의해서 행해진다. 수집된 idea들은 세 가지 범주로 분류된다.

- 즉시 실행될 수 있는 것
- 사전에, 더 깊이 있게 재구성한 후 중·장기적으로 실행될 수 있는 것
- 명백히 실행 불가능한 것

평가과정 중에 killer attitude(idea를 가능한 한 부정하는 태도)가 발생하지 않는 것이 중요하나 그보다는 오히려 idea들이 최대 가능범위 내에서 긍정적으로 평가되는 것이 중요하다. 그렇지 않으면 그 결과는 미래의 창조적 과정에 대해서 Brainstorming집단에 영향을 미치는 바람직하지 못한 환류가 될 것이다.

Brainstorming이 해결책을 위한 시작점과 완성을 요하는 시작만을 제공해 주므로 모든 개별적 idea들은 비현실적인 것으로 분류되기 전에 보충되거나 다양화되어야 한다. Brainwritng은 구두적인 Brainstorming과

는 대조적인 점으로 idea들은 집단에 의한 기술로 수집된다는 것을 나타내기 위해 의도된 다소 부적절한 단어이다. 그러한 창조적 회의의 참여자들은 종이쪽지 위에 설정된 특정화된 문제에 관한 idea를 적고 이러한 수단으로 idea를 조합하기 위해(쪽지를) 상호 교환하거나 추후에 그 idea를 토론하고, 개선시키고, 정리하기 위해 게시판에 압핀으로 꽂아둔다. Brainwritng에서 집단적 심리요소는 idea의 체계적 교환과정에 있어서 그리고 철저한 문서화를 통해서 보다 더 감소한다. 서독에서 특히 유명한 변형은 635기법이다 그것은 6명이 집단창의성 훈련에 참여하는 것과 모든 참가자들은 언급된 문제해결을 위한 3가지 제안을 작성지에 빠르게 순서대로 적고, 가능하면 이 idea발견과정을 완성하기 위해 5분 이상을 사용하지 않아야 한다는 것을 의미한다. 그런 후에 참가자는 해결책 작성용지를 옆 사람에게 건넨다. 명칭 그 자체는 비교적 임의적이다. 이것은 748기법에 대해서도 마찬가지이다.

- Brainwritng pool(회의의 시작에서 idea의 조합과정에 있어서 참가자들을 자극하도록 의도되어진 문제형성을 위한 여러 개의 양식들과 해결책에 대한 여러 개의 시작점들을 테이블의 중간, Pool에 올려놓는다.) 참가자마다 해결책에 대한 idea의 수는 제한되지 않는다.
- Card Enpuiry(Metaplan기법의 테두리 안에서 자주 사용되는 기법이며 이러한 기법에서 참가자들은 기재용 작은 카드 위에 그들의 idea를 기록하기 위해 felt-tipped pen을 사용하고 그것들을 나중에 토론하고, 분류하고 평가하기 위해 이러한 카드들을 게시판에 압핀으로 꽂아둔다.
- Idea Engineering(기록과 토론을 번갈아 실행하는 변형된 Brainwritng기법)
- Collective Notebook(문제해결과정에 있어서 모든 참가자들은 idea notebook을 받고 약 한 달 동안에 참가자들에게 떠오른 주어진 문제와 관련된 갑작스런 idea를 매일 idea notebook에 기록한다.)

-BBB Method＝Batelle-Bildmappen(picture folders)-Brai-
nwritng: 여기의 그림은 창의를 위한 자극제로 사용되고, 참가자들은
그림에 의해 자극되어진 해결책에 대한 idea들을 작성용지에 적는다.
Brainwritng의 가장 기본적인 전제조건과 규칙은 Brainstorm의
전제조건, 규칙과 대체적으로 일치한다. 그러나 Brainwritng은 작성
지에 정해진 idea들이 구두상으로 표현되는 idea들보다 정신적 연상
작용에서 더 지속적 자극을 제공하고, 집단동태론에서의 어려움은 구두
의사소통이 갖는 어려움과 같은 정도로의 결과로서 생기지 않으며, 기
법의 엄격한 규칙은 비공식적인 구두상의 토론의 경우보다 더 활발하게
정신적 연상작용을 촉진시킬 수 있으며, 참여자들은 어떠한 익명성을
보장받을 수 있다는 이점이 있다. 그리고 이러한 이점들은 이것은 특이
한 idea산출을 유리하게 할 수 있다는 점에서 이점을 갖는다.

635기법은 참여자들에게 brainstorming보다 더 심각한 것으로 받아들
여지며 기법의 자구 조정 원리는 사회자의 참여가 필요 없도록 만든다고 말
하여진다.

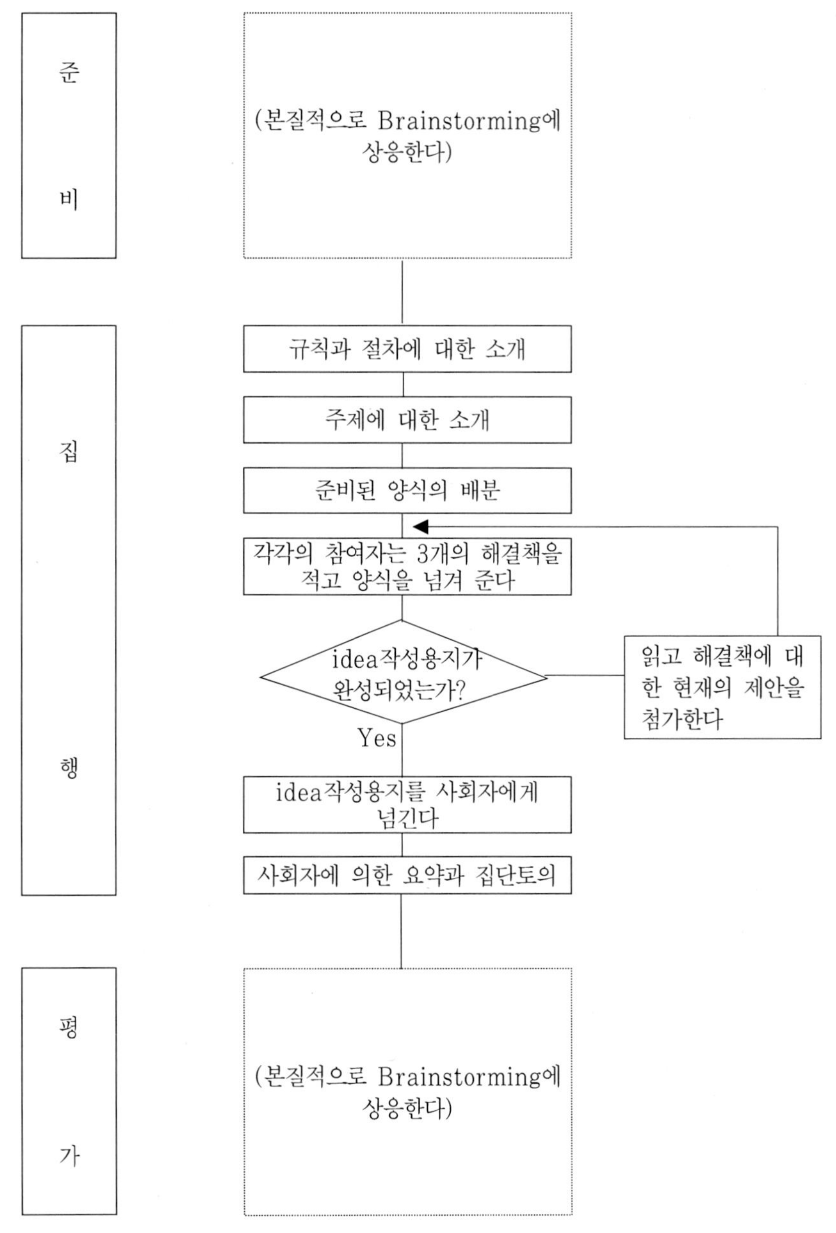
준
비

(본질적으로 Brainstorming에
상응한다)

집

규칙과 절차에 대한 소개

주제에 대한 소개

준비된 양식의 배분

각각의 참여자는 3개의 해결책을
적고 양식을 넘겨 준다

idea작성용지가
완성되었는가?

읽고 해결책에 대
한 현재의 제안을
첨가한다

Yes

행

idea작성용지를 사회자에게
넘긴다

사회자에 의한 요약과 집단토의

평

(본질적으로 Brainstorming에
상응한다)

가

Model for Brainwriting

Problem: Idea participant	1	2	3
1			
2			
3			
4			
5			
6			

- 참가자에게 규격작성지 또는 준비된 양식의 배부
- 모든 참가자들은 특정기간 동안, 예를 들어 5분 동안에 자발적으로 떠오른 해결책에 대한 세 가지 제안을 용지의 서로 다른 칸에 차례대로 적는 것이 요구된다.
- 각각의 참가자들은 그의 옆 사람에게 idea용지를 건네주고 동시에 이미 작성된 용지를 다른 옆 사람으로부터 받는다.
- 이미 작성된 해결책에 대한 제안을 읽은 후에 모든 참가자들은 이러한 idea들의 조합을 시도하고 그 idea들을 새롭고 개선된 해결책으로 발전시키려고 시도해야 한다.
- 교환과정은 모든 idea용지가 다른 모든 참가자들에 의해 작성될 때까지 계속해서 반복된다.
- 사회자에 의해 제시된 결과의 요약과 집단토의.

창조성을 자극하기 위한 모든 기법들과 마찬가지로 Brainstorming과 Brainwriting은 기본적으로 해결책의 방향의 언급뿐만 아니라 문제해결의 목적에 대해서 그리고 현재의 상황에 관해서 모두 덜 체계적인 문제에 적합하다. 창조성을 자극하기 위한 다른 기법들과 마찬가지로 Brainstorming

과 Brainwriting은 기획과정과 의사결정 과정에 있어서 정보를 수집하는 단계에서 사용된다. 그리고 무엇보다도 문제와 결함의 확인뿐만 아니라 대안들에 관련된 정보의 탐색에 있어서 사용된다. 여기에 Brainstorming과 Brainwriting이 자료수집을 제공한다는 측면에서 새로운 방향과 관점을 제시해 줄 수 있다. 하지만 어떤 문제해결책에 대한 자극을 제공할 뿐이지 완전히 공식화된 해결책과 종합안을 제공할 수는 없다. Brainstorming과 Brainwriting은 많은 실제적인 해결책이 있을 수 있는 단순구조화된 문제들에 적합하다. 따라서 복잡한 문제들은 미리 세부화되어야 한다. 이러한 기법들은 분석과 계산이 행해져야 하는 양적인 문제들에 대해서는 적합하지 않다.

문제들은 해결책의 많은 다른 원리들이 짧은 기간 내에 해결될 수 있는 그러한 문제에 한정되어야 한다. Brainstorming과 Brainwriting은 구체적이고 범위가 정해진 형태의 문제의 탐색에 적합하다; 반면에 분석과 복잡한 형식을 포함하는 문제들에 대해서는 덜 적합하다. Batelle 연구소에 의해 행해진 경험적 연구에 따르면 Brainstorming은 경영의 실무에 있어서 잘 알려졌고 아주 빈번하게 사용된다.

하지만 그 기법의 규칙과 조건이 모든 경우에 있어서 관찰되는지는 의심의 여지가 있다. 규칙과 절차적 단계를 정확히 관찰하는 'Genuine Brainstorming'은 확실히 덜 보편화되었다. 이러한 기법들의 보급은 확실히 다양한 관리세미나에서 이러한 기법들의 훈련강도와 적어도 부분적으로 일치한다. Brainstorming은 공공행정에서 때때로 사용된다. 확실히 말하면 항상 모든 규칙의 엄격한 관찰하에서 사용되어지는 것은 아니다. Brainstorming이란 용어는 직원들이 주어진 문제에 관한 새로운 idea를 제공하도록 요구되어지는 비공식회의와 관련하여 종종 사용된다.

공공행정에 있어서 보다 널리 보급된 것은 - 특히 기획스태프 등에서 널리 보급된 것은, 등등 - 'Metaplan기법'인데 서면토의의 형식과 함께 Brainwriting의 변형이 사용된다. 기획행정에서 Brainstorming과 Brainwriting의 사용은 기획과 의사결정 과정의 어떠한 단계에서 아이디어가 매우 긴급히 얻어져야만 하는 어디에서나 고려될 수 있다. 정부 행정에서 적용분야는 특히 대안의 획득(가장 다양한 정책분야들)에서 뿐만 아니라 목표설정, 프로그램 기획, 그리고 내부조직상의 업무, 새로운 행정서비스의 창출 등에서 찾아볼 수 있다. 지방정부에서 중요한 적용분야는 예를 들면, 도시개발 기획, 조직상의 업무, 또는 지방정부 활동에 대한 시민들의 이해를 향상시키기 위한 수단에서 나타날 수 있다. Brainstorming에서 아이디어의 자유로운 조합은 매우 소원한 일부의 아이디어를 종종 발견하거나 결합할 수 없기 때문에 항상 매우 생산적인 것은 아니며 항상 근본적인 해결을 가져오지는 않는다.

Brainstorming과 Brainwriting은 개별적인 자신의 아이디어에 대한 탐색보다 더 생산적인지 아닌지에 대해 논란을 불러일으킬 의견들이 있다. 더 질적인 것뿐만 아니라 더 양적인 것이 결과가 되는 것을 때때로 관찰할 수 있다. 문제의 모든 측면을 단기간에 이해하거나 평가할 수 없기 때문에 표면적인 해결의 위험이 있다.

Brainstorming 그룹에서의 '시너지 효과'가 충분히 활용될 수 없고, 최후의 결과가 의견교환의 주제가 아닌 단순히 분리된 아이디어의 결합이 될 수 있다는 데 위험성이 있다. 무시할 수 없는 부가적 위험성은 참여자의 습관적 사고구조와 경향을 Brainstorming 절차에 의해서 평가하도록 충분히 변화시키는 것이 불가능하고 그와 같은 토론이 타성적인 모임으로 변한다는 점이다. 토론의 공개형태의 결과가 무관한 분야로 흘러갈 위험이 있다. 이 기법은 참여자에게 문제의 분석과 객관적인 견해에 대한 충분한 지원을 제공하지 못한다. 계층제의 고위급 인사들이 Brainstorming 회의를 좌우하고 다른 참여자의 창조성을 방해할 수도 있다.

습관적이지 않기 때문에 비판하지 말라고 하는 요구는 참여자에게 황당한 결과를 가져온다. 일반적으로 사용될 수 있는 아이디어의 퍼센티지는 대략 5~10% 정도로 매우 적다. 특히 Brainwriting에 있어서 엄격한 절차상의 형태가 창조성의 자유활동을 억제할 수 있고, 문서형식은 창조성을 희생해서라도 논리적 사고를 선호하는 것과 시간의 압박이 참여자의 창조적 개발을 손상시킬 수 있다는 것에 주목해야 한다.

4. Delphi Method(델파이 기법)

1) 델파이 기법의 서술

(1) 개 요

델파이 기법은 구조적이고, 형식적이며, 다단계로 구성된, 독립된 집단의 질문 기법이다. 이 집단은 결과의 환류와 체계적인 평가의 작업과 합의를 위해 사회적 압력이 배제된다. 델파이 기법은 1950년에 미국의 RAND 연구소에서 개발되었고 Helmer와 Gorden에 의해 처음으로 공표되었다. 이 기법의 명칭은 아마도 우연히 만들어진 것이며, 같은 이름을 가진 고대의 신전과는 본질적으로 아무런 관계도 없다. 델파이 기법은 종종 인용되지만 널리 활용되지는 않는다고 할 수 있다.

기본개념은 간단하다. 몇몇의 전문가들은 어떤 분야의 미래의 경향에 대해 어떻게 평가할 것인지 조언을 요구받는다. 이것은 전문가 회의에 있어서의 일반적 형식이 아닌 익명적이며 다단계적인 질문과정이다. 델파이 기법은 정책기획과 의사결정에 대해 장기적인 경향을 제공할 수 있다. 델파이 기법은 최초의 기본자료를 얻기 위해 자주 사용된다. 이 기본자료는 최후의 추가적 예측에서 다른 기법들이 더욱 안전하게 사용되도록 정제되고 확립된 것들이다. 델파이 기법은 특히 과거를 기초로 계산된 경향에서 예측할 수 없는 새로운 발전들의 예측에 적합하다. 전형적인 적용분야는 불확실한 미래의 가능성에 대한 장기적인 예측이다. 예를 들면 신기술, 교육제도, 과학분야, 인구의 경향, 우주의 이용가능성 등이다. 델파이 기법은 상호 관련성과 과학적으로 확립된 경향이 없는 경우에 있어서 언제든지 1차적으로 고려될 수 있다. 델파이 기법은 정확한 과학적 분석을 확실하게 대신할 수 없다. 델파이 기법은 일반적으로 다른 집단토론의 형태보다 장기적인 미래예측에 더욱 성공적이다. 또한, 비용도 전문가들의 동시 토론보다 적게 요구되는 경향이 있다. 게다가 비교적 많은 수의 전문가들이 회의를 위해 만나는 일 없이 질문할 수 있다.

2) 델파이의 특징

(1) 집단효과

모든 개인은 미래의 발전에 관하여 다른 생각을 갖고 있다. 그리고 일반적으로 영향을 주는 요인과 관련된 단지 일부만을 고려할 뿐이다. 집단 내에서 극단적인 의견과 오류의 효과가 서로 균형을 이루며, 그리고 어떠한 상태에서는 집단의 판단이 개개인의 판단의 합보다 더 나을 수 있다.

(2) 익명성

전문가들은 다른 사람에 대해 알지 못한 채 개인적이고 독립적인 질문을 받는다. 한편으로 이것은 집단회의에서 관찰되는 집단에 대한 동의, 개인 이익의 추구, 사회자의 지배에 대한 영향을 방지한다. 또 한편으로 이것은 일반적인 경향에 이르기 위해서 개인적 판단의 수정과 적응을 장려한다. 이런 익명성은 그들의 유권자들을 의식하여 개인적 의견을 공개적으로 표현하지 않는 정치인들에게 질문하는 데 특히 중요하다.

(3) 통제된 환류와 다중반복

개개의 참여자들의 정보의 가능성은 한 번의 개인적, 개방적 순환보다 여러 번의 순환에서 보다 집중적으로 도출될 수 있다. 게다가 다중반복은 개개인의 의견을 수렴하는 데 효과적이다.

(4) 델파이 질문과 예측

형식적인 질문과정은 통계적 평가결과를 가진 집단의 감시와 평가에 의해 통제된다. 각 델파이 라운드의 끝에는 반송된 질문지들이 평가된다. 만일 관련자료가 계량적인 것이라면 평가는 아래 열거된 두 가지 통계적 수단에 의해 주로 실행된다. 그러나 대개 참여자들은 그 진술을 이해하기 위해 적어도 색인 속에 있어야 하는 부수적인 논의를 제시한다.

델파이 기법은 먼 미래에 놓여져 있고 조직에 있어서 광범위한 중요성을 가진 사건에 관한 예측을 나타내는 데 적합하다. 통계적 수단이라는 점에서 계량적인 사실(날짜, 확률, 백분율 등)의 예측이 가장 간단하다. 왜냐하면 중위수와 유사한 통계적 측정은 그것들을 위해 결정되어질 수 있기 때문이다. 질적인 진술(예를 들면 새로운 행동 양식 등)에 대한 그러한 통계의 세트는 어렵게 그리고 빈도, 지표 등에 의한 제한된 방식에서만 산출되어질 수 있다.

※ 델파이 기법은 다음의 진술범주에 일반적으로 적용된다.
- a) 특정시기에 발생할 사건의 결정
- b) 특정사건이 발생할 시간의 결정
- c) 특정시기에 특정사건이 발생할 확률의 결정

　게다가 델파이 기법은 미래발전의 전제조건과 결과뿐 아니라 미래에 있어서 어떤 사실 문제 간의 상호 작용을 이해하기 위해 사용되어질 수 있다(시나리오 기술 참조). 마지막으로 이 기법은 특정한 목표체제의 맥락 안에서 미래 목표에 대한 우선순위를 정하는 데 효과적이라고 증명되어 왔다. 장기적 예측을 위한 델파이 기법은 어째든 사적 분야에서도 종종 사용되어져 왔다. 1974년의 경험적 조사는 질문된 회사의 14%가 특히 연구개발 분야, 영업 그리고 전체적인 회사기획 분야에서 델파이 기법을 적용했다는 것을 보여준다. 다른 한편으로 공공행정 분야에서는 델파이 예측이 현재까지 거의 알려져 있지 않다. 광범위한 이론적·경험적 연구는 델파이 기법의 예측 능력에 기여해 왔다. 비록 공공행정 관료들이 현재까지 델파이 기법에 대해 명백하게 특별한 관심이 없었음에도 불구하고 공공부문에 있어서 델파이 기법의 여러 중요한 적용분야가 미래에 예견된다. 이 기법은 비교적 장기간에 걸친 새로운 발전이 예측되는 기획행정 분야의 어떠한 곳에서든지 고려되어질 수 있다. 본질적으로 같은 분야의 적용은 시나리오 기법으로도 작성될 수 있다. 매우 광범위한 고려가 새로운 기술의 예측이 중요한 예를 들어 전력공급, 환경보호, 운송, 우주여행, 건설산업 등의 분야에 주어질 수 있다. 한편으로는 이 수단에 의해 양 기법의 장점을 활용할 수 있게 하기 위해 델파이 기법과 이전 혹은 차후의 전문가 회의까지도 결합시키는 것은 합당하다. 다른 한편으로는 시나리오의 준비와 함께 델파이 기법을 사용하는 것이 권장되어질 수 있다.

2) 단점과 한계

　델파이 기법은 주관적인 절차이다. 질문과 전문가의 선택, 답변과 그 해석 모두 매우 주관적인 측면을 가지고 있다. 답변에 대한 높은 수준의 일치는 여전히 진술의 정확성을 증명하지 않는다. 기껏해야 이것은 그들의 신용도를 증명한다. 델파이 기법의 중심문제는 참여자의 신중한 선정이다. 전문가들이 가지고 있는-모르는-정보의 다양한 수준은 전체적으로 결과들을 왜곡할 수 있는 다른 평가를 가져올 수 있다. 두 라운드 사이에 너무 많은 시간이 경과하게 되면 있음 직한 결과는 참여자들이 그들의 원래의 기본생각을 잊어버리고 다른 가정들하에서 판단하게 되는 것이다. 경험은 델파이 조사에 있어서 참여자들이 신중하고 보수적인 평가를 하는 경향이 있다는 것을 보여준다. 이것은 극단적인 견해의 서면상의 입증에 대한 반감으로 설명될 수 있다. 여러 라운드 동안 참여자의 수와 집단의 구성이 변함없도록 유지하는 것이 어렵다. 만약 변동이 비교적 크다면 결과를 명백하게 해석하는 것은 더이상 가능하지 않다. 그러나 참여자의 수에 있어서 일정한 감소는 불가피하다. 델파이 조사의 기초는 일반적으로 델파이 라운드에서 새로운 발전사업에 있어서 매우 유연하지 않는 경직된 질문체계이다. 모든 것 중에서는 특히 델파이 기법은 시간의 긴 경과(1년보다 적은 것은 거의 없다)와 또한 그에 상응하는 높은 비용으로 특징지어진다. 그러나 확실히 높은 비용은 전문가들의 상응하는 회의들을 위한 것보다는 부족하다.

5. 동태적 프로그래밍

1) 기법의 기술

(1) 개 요

동태적 프로그래밍은 특정유형의 연속적 의사결정 문제를 해결할 수 있는 운영연구기법이다. 연속적 의사결정문제의 경우에는 일련의 결정이 이루어져야 한다.

이 기법(동태적 프로그래밍)의 기초를 발전시킨 Richard E. Bellmann 의 최적원칙에 따르면, 모든 의사결정은 오직 부분적 결정으로부터 형성되어질 수 있다고 한다. 의사결정 과정에 있어 이미 결정되어진 다른 부분적 해결보다 더 적합하지 않은 부분적 해결들은 제거된다. 동태적 프로그래밍의 절차들은 연계된 시간 또는 공간적 요소 등에 대한 연속적인 단계들을 가진 의사결정 문제의 해결을 위하여 사용될 수 있다. 기업활동에 있어 동태적 프로그래밍은 재정, 기계이용의 문제들, 그리고 직원의 역할배치 기획 분야에서 선택의 문제들을 위해 사용된다.

문헌상에서는 동태적 프로그래밍의 절차를 설명하기에 선호하는 예들은 다단계 기회게임, 돌아다니는 외판원 문제와 배낭문제이다.

행정실무에 있어 이러한 절차들은 학교들을 위한 교육적 교과과정을 설정하고 독일 연방 철도국에 대해 직원 역할, 배치 기획을 위해 사용된다.

동태적 프로그래밍의 사용은 무엇보다도 의사결정 과정과 연대기적 순서의 문제들을 위해 구상되어진다.

(2) 단점과 한계

동태적 프로그래밍의 장점과 단점, 둘 다 엉뚱하게도 다방면의 응용가능성에 있다. 문제들이 너무 다양해서 모든 문제들에 대한 정형화된 절차를 개발할 수 없다. 예를 들어 그것들은 선형계획 문제들보다도 훨씬 어렵다. 그래서 그것들의 해결은 운영 연구 전문가들에게 계속해서 일임되어질 것이다.

심지어 현대의 자료처리 시스템을 사용할 때에도 비교적 광범위한 문제들은 기억수요와 시간추정의 어려움을 야기한다.

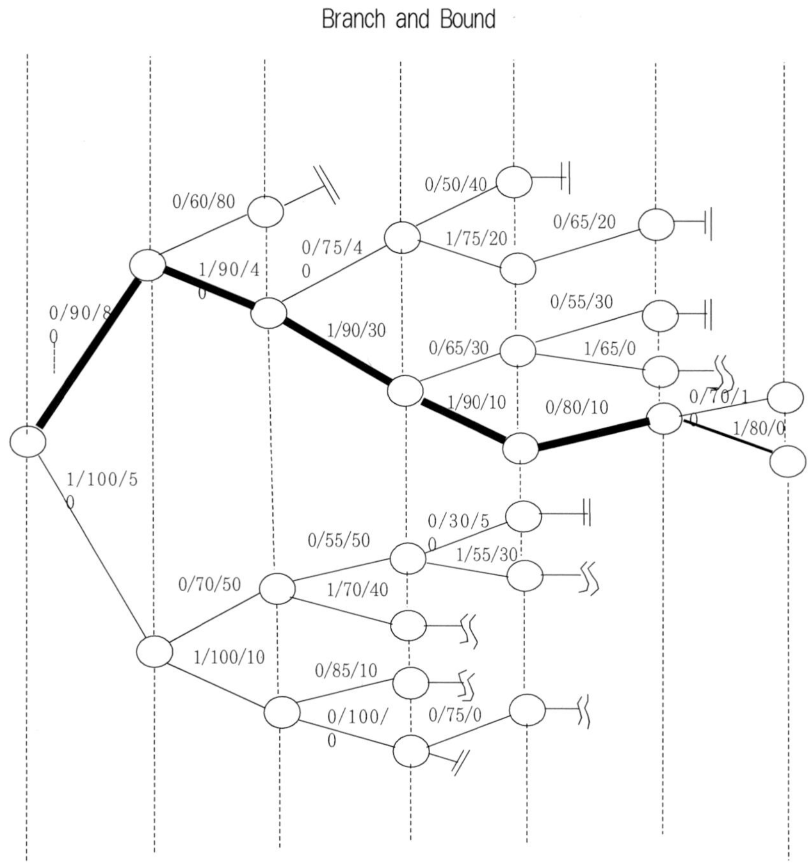

　　독일어 사용지역에서 유일하게 알려진 적용사례는 스위스에서이다. 여기에 다음의 조사들이 취리히에 있는 스위스 연방 기술대학의 운영 연구학회에 의해 수행되어 왔다.

　　－인공 호수의 최적관리
　　－하수 정화 시스템의 순차적 건설
　　－재무 기획에서 유동자산의 처분

구 분	반집합주의	소극적 집합주의	페이비언 사회주의	마르크스주의
사회가치	소극적 자유 (개인주의, 불평등)	소극적 자유 (실용주의, 인본주의)	적극적 자유 (평등)	적극적 자유 (평등＋우애)
사회조직	시장경제의 옹호	시장경제보완	시장경제의 대폭수정	시장경제의 부정
정부의 역할	최소(개인주의)			최대(국가)
복지국가	잔여적 모형 (선별주의)	국가 최저수준의 보장	보편주의 원칙 (복지국가주요)	복지국가에 반대(부익부, 빈익빈)

기획집행의 유형

〈Nakamura와 Smallwood모형〉

구 분	정책결정자의 역할	정책집행자의 역할
고전적 기술자형	• 구체적인 목표를 설정 • 집행자에게 기술적인 권한 위임	• 정책결정자의 목표를 지지하고 목표달성을 위한 기술적인 수단 강구
지시적 위임가형	• 구체적인 목표를 설정 • 집행자에게 행정적 권한 위임	• 결정자의 목표를 지지하며 목표달성을 위해 집행자 상호간에 행정적 수단에 관하여 협상을 벌인다.
협상자형	• 목표설정 • 집행자에게 행정적 권한 위임	• 결정자의 목표달성수단에 관해 협상을 한다.
재량적 실험가형	• 추상적 목표지지 • 집행자가 목표 및 목표달성 수단을 구체화하도록 광범위한 재량권 위임	• 정책목표가 불명확하기 때문에 결정자를 위해 목표와 수단을 명확히 한다.
관료적 기업가형	• 집행자가 설정한 목표와 달성 수단을 지지	• 목표와 수단을 형성시키고 결정자로 하여금 그것을 받아들이도록 설득한다.

2) 기획의 유형

(1) 시간 차원에 따른 유형

① 장기기획

1년 이상 5년, 10년 또는 그 이상 기간에 걸친 기획 - 외부환경 영향 중시, 조직 목적과 목표를 주기적 재설정
*장기기획의 8단계
현재 처한 위치 결정, 기획세부지침의 결정, 목표개발과 사정, 목표달성 전략 수립, 프로그램 활동, 프로그램 실행 자원 결정, 기획의 집행, 기획의 통제 등

② 단기기획

장기기획에 근거한 1년 미만의 사업기획으로 구체적이고 행동지향적인 실행방법에 관한 기획

3) 행정에서의 기획

(1)자원 기획

① 재정기획 - 기관, 프로그램의 재정상태 예측기획으로 재정이 부족할 경우 서비스 양, 범위를 축소하거나 기부금, 지원금 모금활동 전개
② 시설 및 장비 기획 - 시설, 장비의 구매, 임대 등에 관한 기획(재활시설)
③ 소모품에 관한 기획
　서류용지, 복사지, 필기구, 각종 보관철 등 일상적 사무용품 기획으로 구매자금은 필요 시 언제든지 이용가능
④ 인적자원에 관한 기획 - 인적자원 확보, 개발, 성과에 대한 보상

4) 기획과 MBO

(1) MBO의 설계(Check-Act-Plan-Do의 순환과정으로 구성)

① Check-*목표수립을 위한 각종 자료수집과 현재의 관리 여건 검토, *중장기 경영계획 검토 및 전년도 업무목표와 관리 기본사항 달성도 평가

② Act-*조직이 직면한 또는 해결해야 할 중요 문제점 도출, *핵심이슈 결정, *핵심이슈 외의 일상이슈(경영관리의 기본사항) 검토

③ Plan-핵심이슈와 일상이슈로 구분하여 계획

*핵심이슈-꼭 해결해야 할 문제점 또는 안건상정, 안건상정 상황설명서 작성, 목적과 목표결정, 추진전략 및 책임자 선정, 평가기준 결정, 목표계획의 검토와 수정, 최종업무계획 확정과 부서원에 목표부여

*일상이슈-관리 기본사항이 되는 이슈와 하위조직 목표결정, 일상이슈 처리방법 결정(경영/관리 기본사항 포함, 하위부서/부서원에 목표부여, 필요 시 QC팀 또는 Task Force/위원회 구성을 통해 추진), 기본사항에 대한 과거 실적 검토 및 그보다 상향된 목표수립

④ Do-확정 목표계획 및 검토 일정계획의 전체 조직에 공표, 계획의 실시

⑤ Check-검토회의, 계획대비 실적 비교분석 후 차질부분 대책수립, 내년도 잠정 안건 도출

⑥ Act-차질부분 대안/수정계획 실시, 목표달성 내용 표준화와 문서화, 신규 내용/절차 교육, 신규 기준/절차 기본사항에 포함

5) 훌륭한 기획의 특성(H. B. Trecker의 견해)

① 직접성(비위임성) – 위임하지 않고 관리자가 직접 기획
② 미래예측성 – 현재에서 미래까지 연장되며, 오늘의 기획에서 결정된 것이 미래의 기관활동을 구성함
③ 합리성(공식성) – 설정된 목표에서 목표달성에 이르는 과정에서 필요한 활동들을 합리적 프로그램으로 전환하여 배열하는 것이므로 우연적이거나 비공식적일 수 없음
④ 명확성 – 목적, 프로그램, 책임, 관계, 결과 등이 명확해야 함
⑤ 역동성 – 변화에 대한 적응성과 융통성이 있어야 함
⑥ 행동성 – 기획은 목표달성을 위한 수단이므로 기획 내용이 바로 행동으로 옮겨질 수 있도록 구성되어야 함

6) 기획행정

- 국가 또는 지방자치단체의 기획관련 행정
- 국가의 기획정책을 수행하기 위한 조직적인 공공행정
- 국가의 정책을 국민 모두에게 골고루 펼치기 위한 정부 또는 지방자치단체의 공행정과 국가 또는 개인이 설립한 법인 및 시설이 그 설립 목적대로 효율적으로 운영하기 위한 사행정을 포함해서 모두 기획으로 이루어진다.

7) 공행정과 사행정

- 기술적 행정학 : 관리기술 – 수단방법의 합리화에 주력 – 공사행정은 본

질적으로 같다.

■ 기능적 행정학 : 공공의 목적과 가치 중시 – 공사행정은 본질적으로 다르다.

■ 그러나 공행정의 경우 공익성과 합리성을 다 가지고 있다.

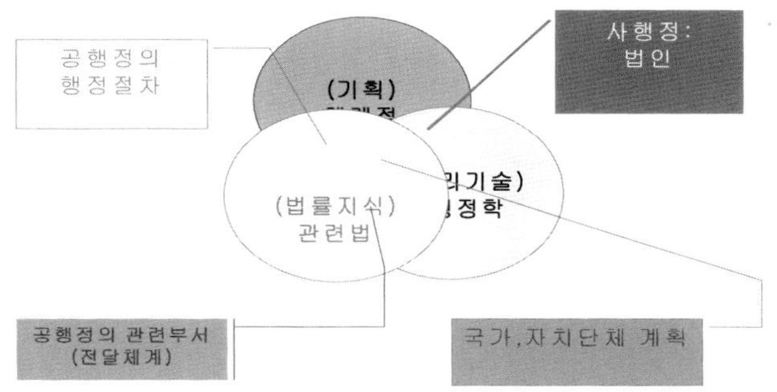

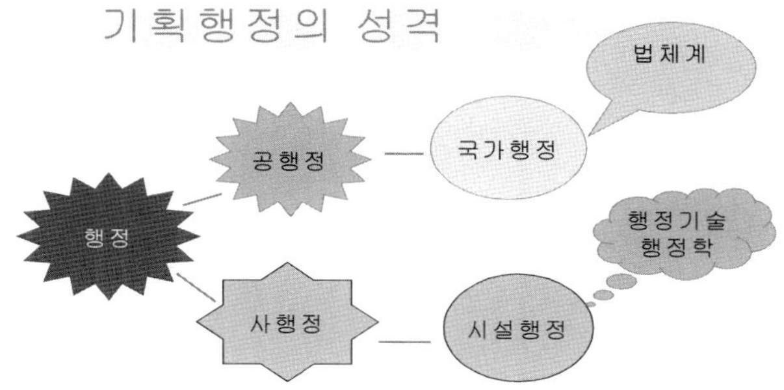

기획의 기법은 여러 가지인데 그 적용은 상황과 여건 및 조직에 따라 다르게 적용해야 한다. 무조건적이고 천편일률적으로의 적용은 문제를 일으킨다.

현대 행정학 분야에서의 기획은 한마디로 다양성에 있다.

그리고 이러한 다양성은 창의성과 실효성에서 그 빛을 발한다.

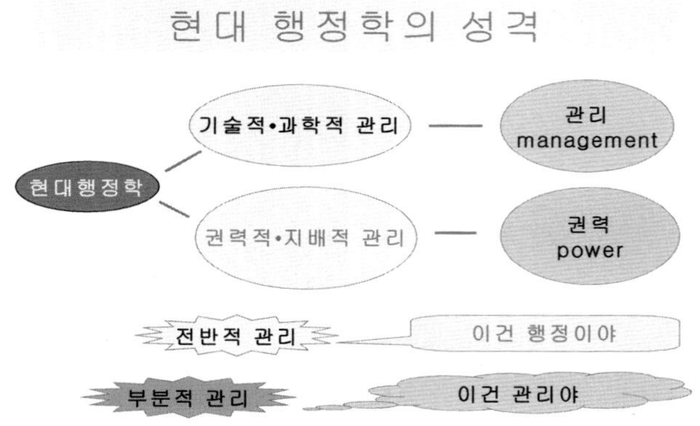

6. 비용편익분석(CBA)

1) 기법의 기술

(1) 개 요

비용편익분석은 공공정책수단을 평가하기 위한 경제적, 화폐적이고 동태적인 절차이다.

- 경제적이란 누구를 위해 그것들이 발생할 것인지에 문제없이 경제에서 일어나는 수단의 모든 효과가 결정된다는 것을 의미한다.
- 화폐적이란 수단들이 화폐단위로 평가됨으로써 발생하는 이익(경제적 편익)과 손실(효용의 손실, 경제적 비용)을 의미한다.
- 동태적이란 관련된 기간(수단의 경제적인 서비스 기간) 동안에 서로 다른 방법에 있어서 발생하는 편익과 비용이 어떤 관계 자료가 반영된 할인율의 재평가와 비할인율의 공제에 의해 비교될 수 있게 만들어지는

것을 의미한다.

(2) 작업단계

비용편익분석의 일반적인 절차의 대략적인 것은(참고: 기획훈련 분야에 있어 비용편익분석의 일반) 수자원의 공급과 조절에 관한 분야로부터의 예를 사용하여 설명되어질 것이다.

예) 댐의 건설(다목적 저수지)

1단계 : 문제정의

- 실제적 이유 : 예를 들면 홍수 피해, 부적절한 배수, 계곡 횡단을 위한 수송시설의 설비, 경관과 여가목적을 위한 수자원 공간의 창조
- 사업의 상태에 대한 기술(예를 들면 그 지역의 자연적 경관에 대한 주어진 모습, 기획지역에 대한 경제적 상황, 수자원의 병목 상태)
- 기획지역에 대한 참가자들의 목표에 대한 대략적인 생각(예를 들자면 연방정부, 주정부, 수자원과 토지개발협회)
- 선택적인 수자원 수단에 대한 대략적인 목록

2단계 : 목표체제에 대한 정의

- 결정과 관련된 모든 목표의 확정(예를 들자면 홍수방지, 낮은 수면수준의 상승, 계곡 횡단을 위한 교통시설의 설비)
- 측정가능한 부분 목표들의 한정적 도출(예를 들자면 홍수방지 : 거주 지역에 대한 피해의 감소와 지가의 상승, 경작지에 대한 피해 감소와 생산성 증가)

3단계 : 결정분야의 확정

예를 들자면 그것들의 원인과 상호 의존성 그리고 미래의 발전을 포함한 환경에 대한 주어진 지리학적, 수리학적, 사회경제학적 조건들의 탐지

4단계 : 수단의 사전선정
-목표체제와 결정분야에 맞는 수단의 선택
-선택되어진 수단, 관련된 부분적인 사업계획 그리고 그것들의 가능한
대안들의 상세한 기술

5단계 : 수단들의 효과에 대한 결정(사업의 수명-편익이 나오게 될 것으
로 기대할 수 있는 기간)
-조사된 기간 동안의 수단들의 효과에 대한 목표지향적 결정(예를 들면,
다목적 댐의 50년 동안의 서비스 수명)
-사례의 존부에 따른 수단의 효과에 대한 예측

6단계 : 측정기준에 대한 결정
정의에 따라서 생략될 수 있다.
-순현재가치, 편익비용비, 내부수익률, 원금회수기간 등

7단계 : 수단의 효과에 대한 평가
금전적 평가가 가능한 한 수반된 가격에 의해 결정된 양의 곱(예를 들어,
피해의 감소/농업생산성의 증가: 1980년부터 2029년 기간의 연간
51,000마르크)
-일정량의 편익을 가격으로 환산한 값에다 앞으로 발생할 편익의 양을
곱한 것이다.

8단계 : 민감도 분석
예를 들어 다른 관련된 기간에 대한 대안적 계산
-비용, 편익, 할인율 등이 확실히 알려져 있거나 추정된 것으로 간주해
서 분석하는데 이러한 값들이 상황에 따라 변할 때 어떻게 수단의 효
과성이 달라질 것인가를 분석하는 것이다.

9단계 : 금전에 의하여 수량화된 수단의 효과에 대한 시간 지향적인 평가
-예를 들어 초과현재가치 기법 : 인플레이션이 반영된 연 4%의 이자율
 과 6%의 민감도 검사(바람직하지 못한 추정)와 함께 관련된 기간
 1980년 1월 1일(댐의 최초 사용 날짜)의 편익과 비용의 흐름에 대한
 각각의 할인율에 대한 재평가와 비할인율의 공제-금전적 단위로 평가
 되어진 비용과 편익의 비교
 (편익-비용의 차이가 4% : 2400만 마르크, 편익-비용 차이가 6% :
 1270만 마르크 조사기간 50년)

10단계 : 양적으로 표시할 수 없는 수단의 효과에 대한 기술
-수단의 수량화할 수 없는 효과들의 결정(예를 들면, 경관의 개선)
-비금전적 평가(특히, 다수의 무형의 수단들의 효과의 경우에는 아마도 비합
 리적인 시간의 소모 없이는 금전적인 단위로 평가될 수 없을 것이다) : 예를
 들어 서열적 순서에 따른 단계적 등급의 판정 : ++, +, 0, -, --

11단계 : 수단에 대한 전반적인 평가
9단계와 10단계의 논쟁적인 선택 과정

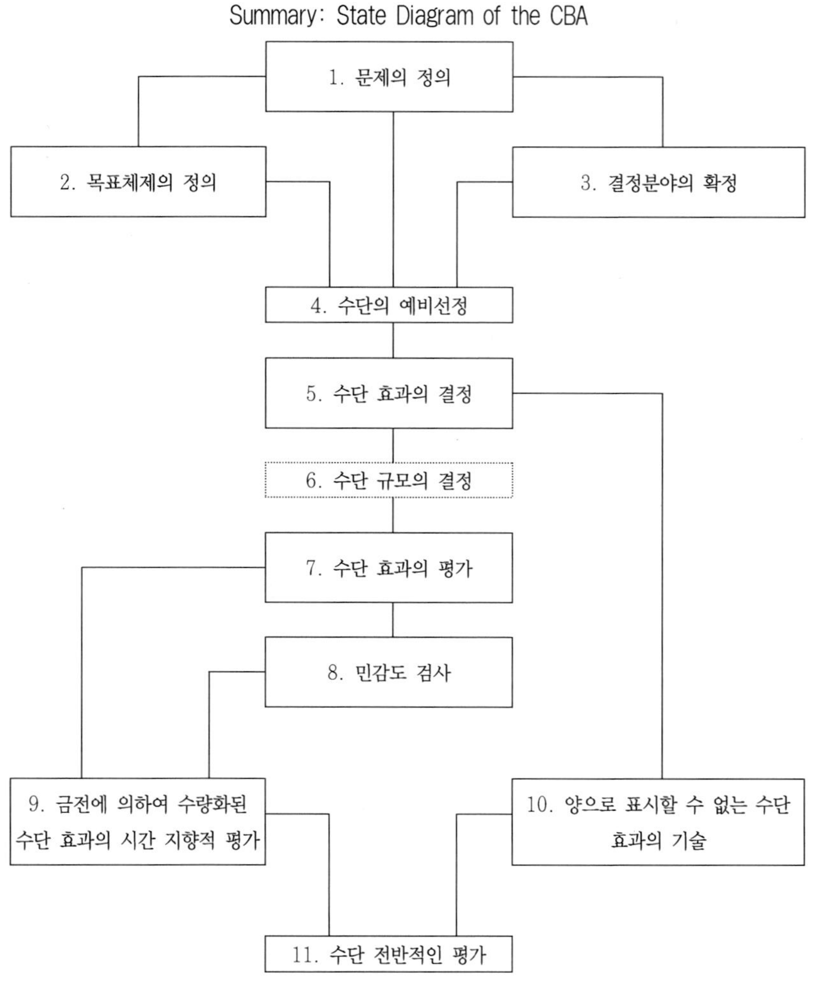

2) 어떤 문제유형에 대한 적합성

비용편익은 경제적 측면에서 최소의 비용으로 최대의 효과를 올릴 수 있는 곳에 적합하다.

3) 행정과 경영실무에서 기법의 사전적용

절차들의 적용을 위한 강조분야는 운송분야(도로건설, 수로의 건설과 유지, 지역의 공적인 수송), 농업분야(농업발전), 공중보건(예방의학 분야) 그리고 외국에 대한 개발지원(재정지원)이다.

4) 공공행정에 적용 가능한 미래분야

고전적인 비용편익분석에서 정부수단이라는 방법에 의한 재분배 측면은 아무런 역할을 하지 못한다. 그래서 효용에서 이득과 손실은 그들이 영향을 미치는 사람들의 부류와는 상관없이 같은 형태로 평가된다.

연방정부에 의해 작성된 이전지급의 고비율의 관점에서 비용편익분석은 관련된 어려움들에도 불구하고 미래에 있어서 분배의 측면에 더 큰 역점을 두게 될 것이다(확장된 비용편익분석).

그것을 넘어 어떤 활동분야에 대한 평가절차의 부가적 표준화와 사후분석으로 더 많은 사용에 필요할 것이다.

5) 단점과 한계

CBA의 재정적인 결과는 분석된 수단의 막연한 편익과 비용이 서로 어긋나는 정도와 의사결정자에 대해 갖는 비중에 의존한다는 것을 의미하는 부분적인 결과이다. 따라서 CBA는 균형 있게 조직된 활동분야 내에서만 사용될 수 있다.

7. Milestone Technique(마일스톤 기법)

1) 방법의 서술

(1) 개 요

마일스톤이란 한 프로젝트 과정에서 특별히 중요한 사건을 말한다.

마일스톤의 상호 의존성은 사건에 대한 분기점을 가진 네트워크 도표의 형태로 마일스톤 도표 안에서 설명된다. 그리고 이것은 모든 참가자들에게 프로젝트의 연속선상에서 가장 중요한 일들이 명확하게 배열된 모습을 보여준다. 프로젝트의 최종기한 상황은 마일스톤 목록에서 볼 수 있다.

(2) 실행단계(예: 관청의 이전)

① 프로젝트 과정에서 중요한 사건들의 결정

예를 들면, 이사 수송이 끝나면 사무실 양도를 한다.

② 네트워크 도표에서 마일스톤의 식별

행동지향적인 네트워크(CPM)에서 마일스톤은 행동분기점의 처음 또는 끝에 있는 작은 상자에 의해 특징지어진다.

마일스톤		마일스톤
(처음상황)	행 동	(최종상황)

사건지향성 네트워크(CPM, PERT)에서 특별히 강조를 받아야 하는 사

건들은 사건분기점 주위의 더 굵은 선들에 의해 마일스톤으로 규정된다.

③ 마일스톤 도표와 목록의 유도

마일스톤 도표와 목록은 네트워크 분석의 결과로 인한 선택에 의해 유도된다. 예를 들면, '관청의 이주'에 대한 마일스톤 도표와 목록은 다음 페이지에 나타나 있다. 계산의 결과는 PPCS산출로 얻을 수 있다.

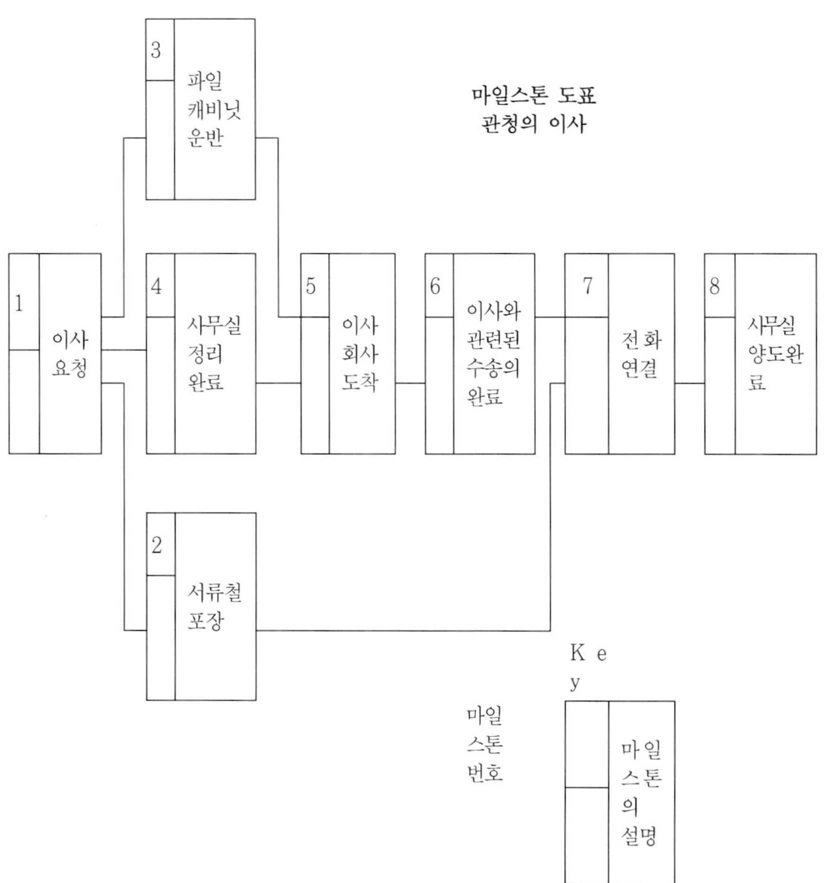

　　마일스톤은 네트워크 도표에서 제공되어지는 많은 정보를 응축한다. 정보
에 대한 더 고위관리층 관리단계의 요구에 따라 마일스톤은 체계적으로 더
심도 있게 응축될 수 있다. 이런 방법으로 마일스톤 도표는 서로 다른 정보
단계를 생산해 낸다.

※ 정보의 응축은 다음의 영향을 받는다.
　　-사업의 규모
　　-사업의 중요성
　　-행정체제 안의 계층단계

　　마일스톤 기법은 단일기획과 기관의 통제로는 부적합하다. 그것은 단지
네트워크 분석과 결합하여 분별 있게 사용되어질 수 있다.

8. Morphological Diagram(형태적 도표)

1) 기법의 서술

(1) 개　요

　　형태적 기법의 목적은 복잡한 문제(과업) 해결의 모든 가능한 대안을 체
계적으로 세우는 것이다. 이 기법의 독자적인 특징은 그것의 복잡성과 부합
시켜 볼 때 문제는 서로 독립되어 있는 일련의 요소들로 분류되고 각각의
상호 배타적인 형태의 선택은 각 개별 요소로 결정되어진다는 것이다.

　　변수(요소)와 그들의 형태는 매트릭스 안에서 집계된다(형태적 도표). 각

변수의 한 형태와 각기 다른 변수의 한 형태를 연결함으로써 가능한 많은 해결책이 나오게 된다(매트릭스 안에서 행의 순서를 정한다). 다음의 단계에서 대안은 목표지향적 방식으로 평가된다.

(2) 작업단계(예: 관청건물의 건축)

① 문제의 명확한 공식화

　　예: '기능적 서술에 따른 관청건물의 건축'

② 중요 문제 변수들의 결정(영향을 미치는 변수)

　　예: 재정, 자산의 위치, 건물 모양, 지붕형태

③ 각 변수를 위한 많은 상호 배타적인 형태 조사

　　예: 재정변수에서 재정지분, 자기금융, 차용금을 포함한 재정, 임대 또한 그 형태는 말로 정의되거나 숫자나 그래픽으로 표현될 수 있다(필수적인 표준화는 차후의 대안의 평가 동안에 실행된다).

④ 매트릭스에 있어서 변수와 형태의 편집

이 과정에서 변수들은 매트릭스의 행, 형태, 열을 결정한다. 또한 개별 형태는 종종 '분야 요소'로서 설명된다(예를 들어 형태적 도표를 참고하라).

　가능한 문제해결책은 각 변수의 한 형태와 각각의 모든 다른 변수의 한 형태를 연결함으로써 얻을 수 있다. 그 과정에서 어떤 변수도 생략될 수 없다.

　예: 임차에 의한 재정, 중간 크기의 도시, 경사진 곳에 자리잡은 관청건물의 건축. 그 건물은 각을 이룬 모양의 다층의 낮은 구조이다. 그 벽면은 클링커 벽돌로 축조된다. 평평한 지붕이 지붕모양으로 선택되어진다.

　그러한 가능한 해결책은 공정라인으로써 그래픽으로 나타낼 수 있거나(역시 형태학적 도표의 예를 보라) 작업표에 기록될 수 있고, 위에서 언급된 형태의 구성으로써 개별적으로 설계되거나 형성되어질 수 있다(소위 분야 요소이다).

가능한 해결책의 수는 요소들의 양으로 결정되어지고 이론상으로 가능한 해결책의 수는 변수와 형태의 수의 증가에 따라 매우 급속히 증가한다.

예: 6개 변수, 5개 형태=15,625가능성, 관청건물=16,384가능성

⑤ 해결 대안의 감소

한 해결책의 추론가능성을 조금이나마 실재적으로 이용하기 위해 종종 매트릭스를 줄이는 것이 타당하다. 다시 말해 행의 수, 열의 수, 혹은 분야 요소의 수를 줄이는 것이 타당하다.

Forms parameters				
Financing	Equity f.	self-f	F.with borrowed funds	Leasing
Location	Large city / center	Large city / suburb	Medium-sized town	Small town
Site	On a slope	Mountain top	Valley	Plain
Building height	Single-story low building	Multi-story low building	High-rise building	Tower
Building shape	Rectangular	Angular shape	Round	Cross-shaped
Facade	Fair-faced concrete	Clinker bricks	Pebble-dash	Wood
Roof shape	Hipped	Ridged	Dome-shaped	Flat

9. NetWork Analysis, General
(NETWORK 분석, 일반)(기획훈련분야인 'CPM'과 'PPCS' 참조)

1) 기법의 기술

(1) 개 요

NETWORK 분석에 있어서 사업계획의 작업과 활동들은 NETWORK 도표의 형식 속에서 상호 의존성을 가지며 그래프식으로 기술된다. 이런 사업계획 요소들은 교차점(연결된 점)과 화살표(두 교차점들 사이의 직접적인 연결)에 의한 논리적 순서로 설명된다. 이런 방법에 의해서 사업계획의 작업과정은 이해하기 쉬운 형태로 기록된다.

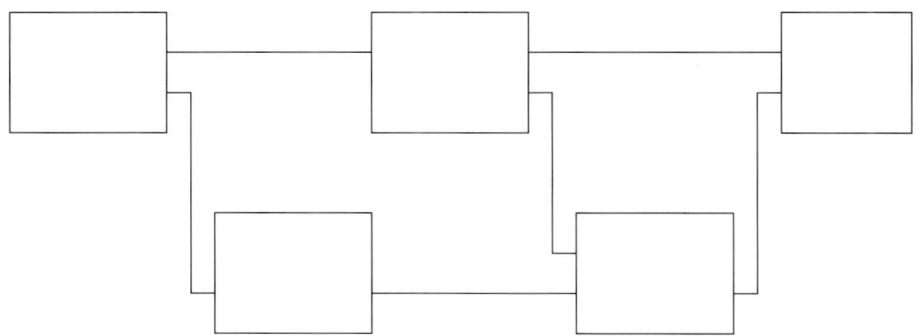

위에서의 기술된 것은 다음과 같은 형태로 구별될 수 있다.

① 활동-network 도표 교차점

활동들은 교차점들 안에 기술되어 있다. 연속된 조건들은 화살표에 의해 나타낸다(MPM, PPCS 등).

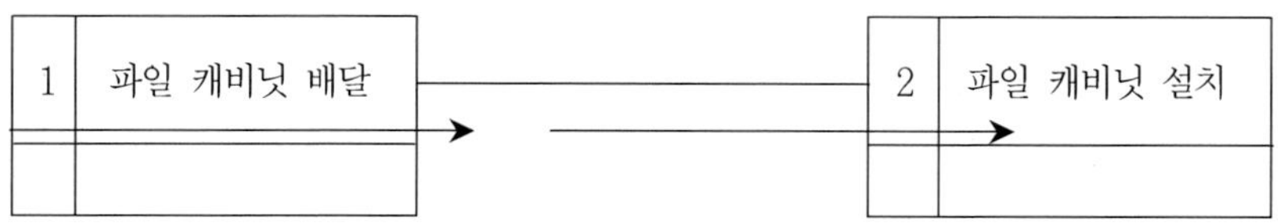

② 활동 – network 도표 화살표

활동들은 화살표에 의해 설명되며, 논리적 순서는 교차점들의 배열로 나타난다(CPM).

③ 작업 – network 도표 교차점

어떤 작업도 기술되지 않으며 대신 그들 사이의 작업과 시간 간격으로 설명된다(PERT).

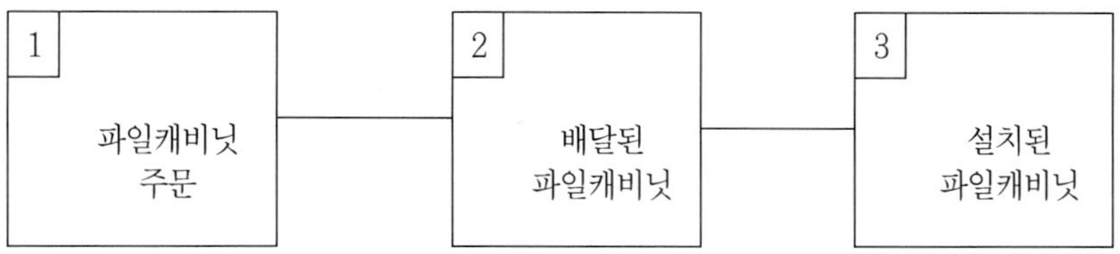

현재 50~60개의 다른 기법들이 위에 제시된(PPCS, PDMI, PROJACS, SINET, Hamburg 기법, PMS 등) network 분석 기법의 기본형태로부터 발전되어 왔다.

(2) 실행단계(예: 행정관청으로 이사)

① 사업계획 목표결정
　　－사업계획 설명(예를 들면, A시의 행정관청의 계획과 건설)
　　－목표결정(예를 들면, 최종기한, 직원 500명의 편의시설, 집행과 행
　　　정부의 공무원들을 위한 개인 사무실, 중앙 합동 집단시설)
　　－명확한 경계조건(예를 들면, 도시중심부에 위치, 도시경관과 조화,
　　　운송시설에 대해 선호지역)

2) 사업계획의 범위 결정

완공을 위한 예상시간의 설명(예를 들면, 2년), 사용가능 자원(예를 들
면, 건설부서의 5명의 직원들, 모든 부서의 대표들로 구성된 작업집단), 그
리고 계획된 비용(예를 들면, 5천만 마르크).

3) 영향을 미치는 변수의 결정

기획단계 동안 다음과 같은 변수들이 고려될 수 있다.
－시간
－비용(자금목적을 위한 기금을 포함)
－자원(직원, 장비, 시설 등)
기획과정에 있어서 영향력을 미치는 다양한 변수들은 반드시 결정되어야
하며, 기획과정에서 고려되는 변수들이 많으면 많을수록 기획의 정확도와
기획비용은 더 증가한다.

4) NETWORK 기법 EDP 프로그램의 선택

network 도표들의 활동-교차점은 행정에서 항상 사용되어야 한다. network 도표들의 활동방향과 작업교차점은 단지 근거가 충분한 예외적 상황에 대해서만 사용되어야 한다.

※ EDP 프로그램의 선택을 위한 기준
　-사용된 network 기술
　-투입과 산출 선택
　-대화능력

EDP의 지원은 다음과 같이 권장할 만하다.

네트워크에서 활동이나 작업의 수	≥100	≥50	≥50	≥50
매년 네트워크에서 변화의 수 (최대계산의 수)	−	≥5	−	−
기획 참가자의 수 (예를 들면, 기관들, 회사들)	−	≥3	≥10	−
기획과정에 관련된 영향을 주는 변수 (시간, 비용, 자원)	−	−	−	≥2
조화된 정도	≥1.5	−	−	−
작성해야 하는 다른 기획문서의 바람직한 수 (최종 기한목록, 부분적 기한목록, 활동보고서 등)	≥5	−	−	−

사업계획 구조는 그 사업계획을 부분적 과업에서 체계적으로 세분화하고 최종적으로 일괄작업단위(work package)로 세분화한다. 다음과 같이 세분화될 수 있다.

　　행정실무에서 네트워크 분석의 인식은 네트워크 분석기법의 사용이 증가함에도 불구하고 아직 넓게 알려져 있지 않다.

　　경영실무에서 네트워크 분석은 빈번하게 개발과 계획수립의 계획과 통제에 적용된다.

※ 다음의 적용은 알려짐.
- 조직 계획(정부기관의 설립 / 해산, 부서의 이동)
- 법률초안 계획(연방수립법의 초안)
- 계획 개발(계획 원조 프로그램)
- 조사 계획(핫 플라즈마의 제한에 대한 융해 실험)
- 계획 개발(수송헬기, 위성에 대한 원조와 구조)
- 획득 계획(정보처리 시스템의 획득, 문서수발정리기계의 획득)
- 계획수립(새로운 빌딩의 건설)

　　네트워크 분석은 공공행정 영역의 복잡한 분야에 관련된 계획과 통제 문제의 해결에 점증적으로 증가하는 적용사례를 볼 수 있을 것이다.

　　구조적 분석은 종종 매우 어렵다고 인정된다. 왜냐하면 참가자들이 계획과정과 관련된 다른 생각을 가지고 있기 때문이다. 우리는 네트워크 분석을 사용하는 것이 예측하기 어려운 장애의 배제를 의미한다는 생각을 가져서는 안 된다. 그러나 그러한 장애의 효과는 보다 빠르게 평가되어질 수 있다.

　　다양한 행정기관에 의해서 사용되는 특별한 기법 사이에서 균일성의 부족은 있다. 그러나 이것 역시 산업계에서도 쓰이고 있다.

10. 사업계획 기획과 통제 체제

1) 방법의 서술

(1) 개 요

PPCS체제는 시간의 계획매개변수, 비용 그리고 자원인 사업계획 매개변수들을 처리하는 데 사용될 수 있다.

다음의 예를 포함해서 사업계획을 계획하고 통제하는 데 필요한 여러 수단들이 작성될 수 있다.

- 작업 분석 구조
- Network 도식
- 이정표 도식
- 최종기한(한계선) 목록

이러한 수단들은 서로 연관된다.

작업 분석 구조에서 사업계획은 계층적으로 부분적 과업과 일괄처리들로 세분된다.

Network 도식은 사업계획 기획과 통제 체제의 중심적인 수단이다. 이것은(Network 도식은) 활동-분기점 Network나 활동-화살표 Network로 설계될 수 있다.

이정표 도식은 세분화된 Network 도식의 모든 중요한 사건들을 포함한다(활동의 시작과 종료). 이것은 하나의 사건-분기점 Network 도식이다.

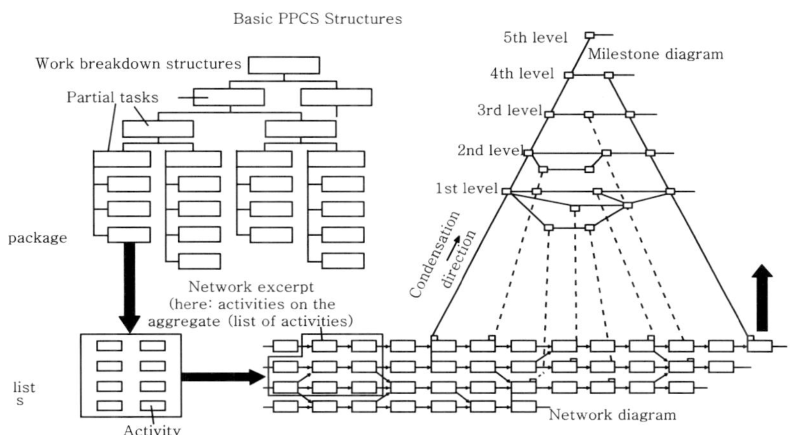

작업세분화 구조, Network 도표, 이정표 기법에 대한 작업단계는 관련 기획훈련 부분에 기록되어 있다. 행정실무에 있어서 활동-분기점 Network 도식들이 필수이기 때문에, 예를 들어 '행정관청 이전'의 진행과정과 일정은 설명과 계산의 형태로 다음 페이지에서 제시되어 있다. 복잡한 사업계획들의 기획과 통제에 매우 적합하다. 단순한 사업계획들에 대해서는 덜 적합하다. 특별히 개발된 EDP컴퓨터 프로그램은 매우 광범위한 사업계획들에 PPCS체제를 적용하는 데 하나의 보조수단으로 사용된다.

PPCS는 서로 다른 유형들의 사업계획들을 위해서 행정과 경영실무에서 사용된다.

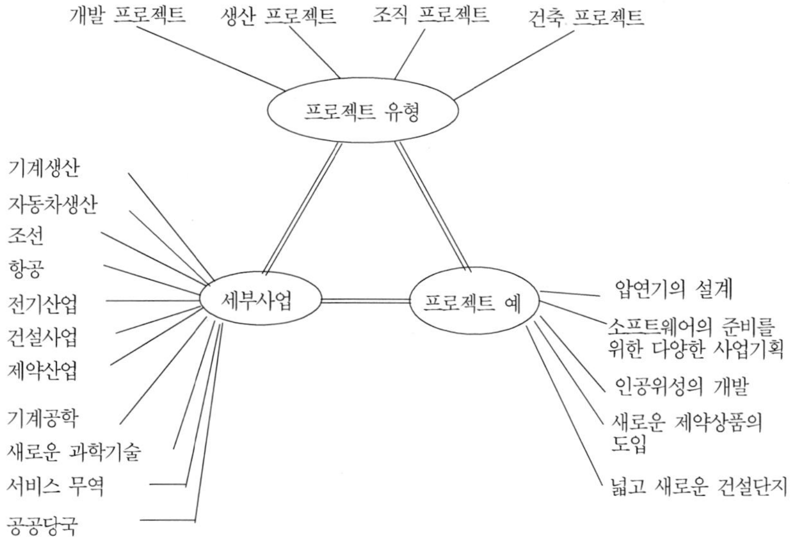

독일 연방 체신성에서는 기획방법으로 PPCS의 사용이 필수적이다.

사업계획들의 체계적인 관리를 위한 사업계획관리방법들의 중요성은 오랫동안 당연시되어 왔다. 많은 경우에 있어서 사업계획관리방법들은 점점 긴급한 요구들이 발생되는 곳에서 수단들이 되어 왔다.

현대 EDP기법들을 사용함으로써 사업계획 기획과 통제 체제의 효율성은 사실상 증가된다.

11. Scenario Writing(시나리오 기술)

1) 기법의 서술

(1) 개 요

시나리오 기법은 질적이고 분석적인 시뮬레이션이며 예측기법이다. 이 기법의 도움으로 대체적인 '미래 상황'을 작성하기 위한 시도가 가능해질 수 있다. 시나리오(원래의 정의: 연극·영화 대본의 장면 소개)는 현재에서 비롯된 미래의 상황들을 단계적인 사건과 상황들의 일련의 연속물로 기술한다. 그리고 이런 방법들로 인해 시나리오는 전략적인 의사결정의 순간과 그 결과들을 명백히 해준다. 따라서 시나리오 기술은 '미래를 기술한 이야기'라는 면에서 장기적이고 구조적인·규범적인 기획을 위한 방법이다. 일반적인 기획 기간은 10년에서 최대 50년까지이다.

※ 시나리오는 다음 요구사항들을 충족시켜야 한다.
- 예측의 판독가능성
- 상황들의 논리적인 일련의 단계에 대한 소개
- 초기 상황의 기술
- 정연하고 조직적인 과정
- 연결어구들의 편집과 그것의 인식가능성
- 조사단계의 복원가능성

시나리오 기법은 본래 독립적인 방법이라기보다는 문제해결 과정에 대한 소개이다. 다음의 예를 포함해서 매우 다양한 개별적인 기법들이 시나리오를 준비하는 단계에서 사용한다.

-창의성 자극을 위한 기법(예: Brainstorming)
-예측 기법(예: 경향 외삽법, 델파이 기법)
-평가 방법(예: 효용도 분석)

시나리오 기법을 위해 일반적으로 인정된 진행과정 시스템은 아직 없다. 그러나 다음의 작업단계는 실용적으로 보이며 또한 어느 정도는 작업단계 스스로가 그것을 증명한 것으로 보인다.

각각의 작업단계에서 이미 언급된 기획과 작업기법은 각 경우에 있어서 그들의 적합성에 상응해 사용된다.

-상황분석 : 조직 기법, 관련성 수형도, 형태 상자
-예측단계 : 전통적이고 상대적으로 새로운 예측 과정, 창의성 자극을 위한 기법
-프로그램 단계 : 효용도 분석, 민감도 분석과 같은 평가방법

(2) 상황분석

초기 상황은 그것의 필수적 요소와 함께 포괄적으로 기술되어져야 한다. 따라서 도표에서 요소들 간에 상호 관계를 나타내는 것이 편리해진다(다음의 기본구조 모형의 그림을 보라).

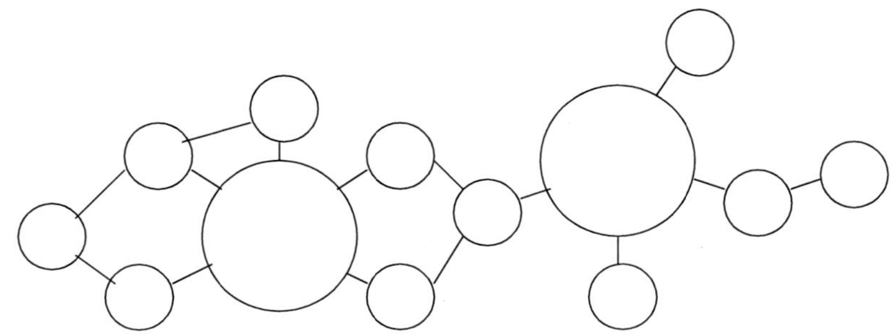

흐름 구조 : 시나리오 기술

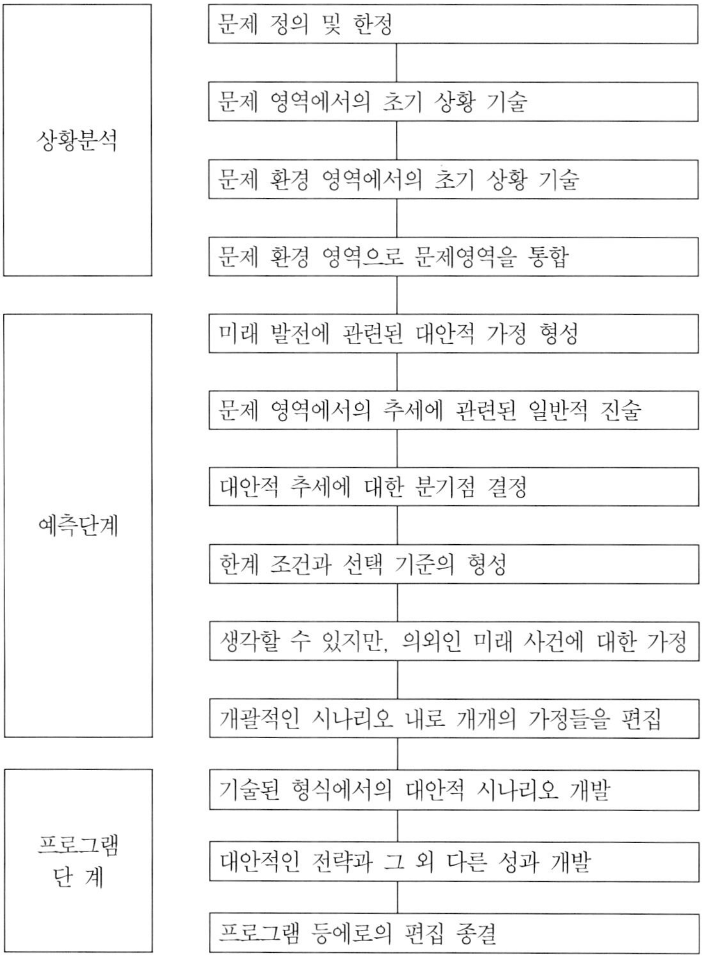

상황분석	문제 정의 및 한정
	문제 영역에서의 초기 상황 기술
	문제 환경 영역에서의 초기 상황 기술
	문제 환경 영역으로 문제영역을 통합
예측단계	미래 발전에 관련된 대안적 가정 형성
	문제 영역에서의 추세에 관련된 일반적 진술
	대안적 추세에 대한 분기점 결정
	한계 조건과 선택 기준의 형성
	생각할 수 있지만, 의외인 미래 사건에 대한 가정
	개괄적인 시나리오 내로 개개의 가정들을 편집
프로그램 단 계	기술된 형식에서의 대안적 시나리오 개발
	대안적인 전략과 그 외 다른 성과 개발
	프로그램 등에로의 편집 종결

(3) 예측단계

가능한 최대로, 만들어진 가정은 명백하고 검증할 수 있는 방식으로 형성되어져야 한다. '정치적 안정성' 등과 같은 진술이 종종 사용된다. 다양한 예측기법이 추세를 확증하기 위해 사용될 수 있고, 적절하다면 전문가 회의도 열릴 수 있다.

(4) 프로그램 단계

대개 적어도 세 가지 대안적 시나리오들이 준비된다.

- 의외일 것이 없는, 즉 가장 발생 가능한 변형
- 낙관적 변형
- 비관적 변형

상대적으로 잘 알려지지 않은, 발간된 시나리오 연구는(없어진) 연방 과학기술 연구성을 대신해 1976년 Battelle Institute가 행한 '화학 기술'에 대한 조사이다.

① 화학 산업의 초기 상황은 주요 원료와 상품, 기술에 대한 언급과 함께 표시되어졌다.
② 주위환경 내에서의 위치가 표시되어졌다(도표를 볼 것).

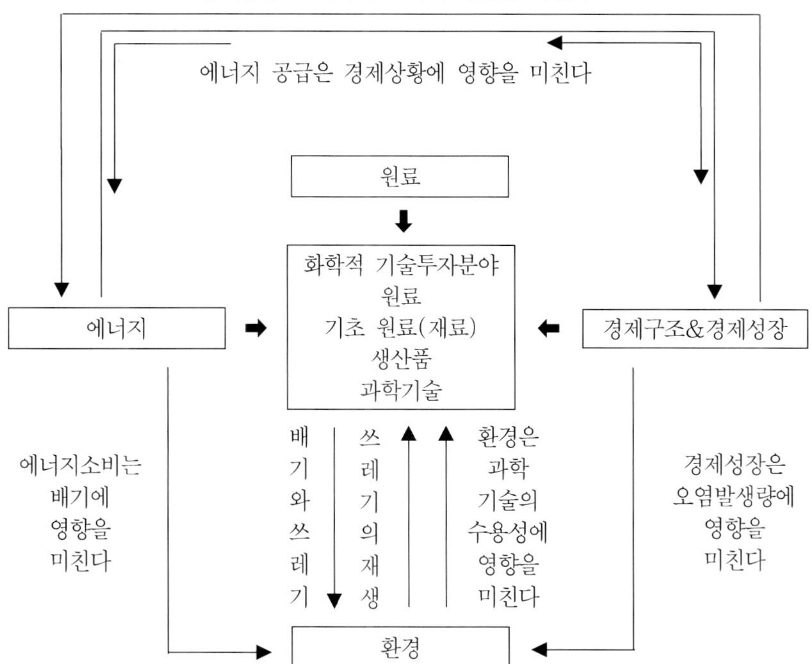

③ 다섯 가지 대안적인 시나리오들이 준비된다.

(주위환경과 문제분야에 영향을 미치는 각 경우를 포함하여)

a) 0 변형(의외일 것 없는 변형): 현재 상황의 계속

b) 낙관적인 변형

c) 비관적인 변형

d) 화학적 원료로서 석탄

e) 화학적 원료로서 목재

시나리오 기법은 종래의 기법으로는 관리될 수 없는 오랜 기간을 요하는 복잡한 문제가 있다면 공공행정에 있어서 계획프로그램과 조치뿐만 아니라 목표달성과 수정을 위한 계획의 기초를 제공한다.

시나리오 기법은 문제가 복잡하고 오랜 기간을 요하는 특징이 있다면 분석적이고 변화무쌍한 문제뿐만 아니라 문제탐구를 위해서도 적합하다.

민간기업인 Ford, Daimler-Benz, BMW, Shell, Kruppd와 Hoechst는 그것들이 일반적으로 오랜 기간 동안 그리고 전략상 관리계획으로 시나리오 기법을 적용하는 사용자로서 잘 알려져 있다.

공공행정에 있어서 시나리오 기법을 적용하는 것으로 잘 알려진 것으로 다양한 '부'와 연방정부기관 각 주의 장관과 대도시 정부가 있다.

-지역의 계획에 있어서 다양한 적용(예를 들어, 유럽의 지방의 도시화를 위한 대안: 지역 계획경제 건축도시개발처)

-혼잡한 지역에서의 승객 수송(Berlin, Battelle의 기술공대)

-Rhine-Main-Danube 지역에서의 운송개념(독일의 헤센주의 도로건설청)

-장거리 운송서비스를 위한 수요(미래학 연구소)

-여가시간의 개발과 그것의 결과(청소년 가족 보건부)

-공공건강정책의 미래문제(과학기술처 / Battelle)

-연방정부의 우편행정서비스(우정통신부)

-하급의 동독남부지방의 경제개발(Saxon주의 주지사)

-토목공사에 있어 기술적 대안

시나리오 기법은 공공영역에서 장기간 계획기법 사용을 위해 점점 더 필요하게 될 것이다. 왜냐하면 공공행정조치의 결과와 범위, 능력, 상호 의존성이 급속히 증가하고 있다. 예를 들어 시나리오 기법은 도로건설의 고용과 사회적 형평에 대한 시나 도로건설의 지역계획에서 필요성이 증가될 것이다. '타진'을 위해 다른 종래의 기법으로는 불가능하고 경향을 예측할 수 없는 지역에서 적절한 듯하다. 시나리오 기법의 도움으로 구조적 결함이나 새로운 문제의 유형들이 조기에 발견될 수 있으며 대응하는 반대전략들도 개발될 수 있다. 시나리오 기법은 매우 유연성이 있다. 그것은 보편적으로 사용될 수 있으며, 확실하게 전통적이고 양적인 기법들과 결합될 수 있다. 왜냐하면 대안적인 미래의 과세는 철저하게 논의되고 '타협적인 절충'은 기피된다. 시나리오 기법은 정치적 대안의 토론에 보다 유용하다. 왜냐하면 그것은 복잡하고 양적인 예측모형보다 더 명확하고 이해하기 쉽기 때문이다. 그러나 모든 계획기법의 경우에 있어서 시나리오를 준비하는 계획자와(정치적 의사결정자) 그들의 고객 사이에는 폐쇄적인 협동이 시나리오 결과의 수행을 보증하기 위하여 절대적으로 필요하다. 현재에는 상대적으로 큰 적자가 여전히 이러한 관계에서 볼 때 주목된다. 계획행정에 있어서 시나리오 기법의 적용의 중요한 분야는 보일 수 있다. -원래도착 계획목표의 복잡한 문제의 모든 영역- 연방정부와 지역적 수준 시나리오 기법은 지역적 수준에서는 적절한 경우가 아니다.

　(5) 대표적인 적용분야
　　　-외교정책
　　　-경제개발
　　　-개발원조
　　　-시와 지방 계획, 지역 계획, 도시개발
　　　-원래도착 프로그램 계획(예를 들면 국민건강, 사회적 형평, 수송,
　　　　교육, 환경보호, 에너지 등)
　　　-연구와 과학기술계획

　시나리오의 의미심장함(중대성)은 각 경우에 있어 책임을 져야 할 사람의 개인적 수행에 크게 의존한다. 표준화된 목표결과는 기대되기 쉽지 않다.
　시나리오 기술은 만약 그 시나리오가 기법의 특별한 도구인 구조적 모형

의 이용으로서가 아니라 단지 일반적인 지적인 게임으로서 간주된다면 어떤
심오한 가치도 없는 단지 피상적인 진술과 일률적인 이익을 가져오는 '기술
을 위한 기술'이 될 수 있다.

　시나리오의 정치적 오용의 위험은 과소평가되지 않는다. 그리고 시나리오
작가들은 시나리오에서 단지 그들의 고객들의 기준과 요구를 무비판적으로
옮기고 일을 수행하는 여러 가지 사례가 있다. 미래유형들의 대안의 상황과
관련한 가망성의 진술은 시나리오에서 나오기가 어렵다. 기껏해야 시나리오
들은 전문가들의 질문에 의해 이루어진 주관적인 진술의 형태를 가질 것이다.

12. SYNECTICS

1) 기법의 서술

(1) 개　요

　창조공학(그리스어에서 온 말: "분명히 관련 없는 개개의 요소들을 서로
결합하는 것")은 창조성을 고무시키는 기술로 이것은 '창조적 대면'의 방법
들에 포함되고 brainstorming과 같이 집단 내에서 행해진다. 창조공학은
사람들 속에서 창조적인 사고의 과정을 고무시키려 하고 실제 상응하는 정
신체제 안에서 창조적 사고 과정을 나타내는 것을 추구한다. 게다가 유추에
의한 다양한 형태의 결론이 정확히 구성되어 있고, 광범위한 'alienation
process' 이것은 수차례에 걸쳐 행해지고, 특별히 강조된다. 창조공학은 1958
년경 미국의 William Gordon에 의해 오랜 기간 연구와 실험을 거쳐 개
발되었다. 공개된 brainstorming에 비해서 문제와 문제해결에 대한 관습

적인 시도로부터 심리적 소외감(alienation)을 얻기 위한 과정이 의식적인 형태로 조직되어진다. 그래서 또한 완전히 새로운 생각이 얻어질 수 있으나 그것은 일반적으로 brainstorming 방법을 사용해서 얻어지는 것은 아니다. 창조공학은 의식적으로 관련성 있는 심리적 메커니즘을 사용하고 감정적이고 비이성적인 영향이 창조적 과정에 있어서는 지적이고 합리적인 능력보다 더 중요하다는 이해로부터 진행된다.

창조공학은 가장 생산적인 것 중 하나지만 또한 가장 비용이 많이 드는 방법 중의 하나이다. 이것은 사회자들과 참가자들이 광범위한 훈련 후에만 사용되어진다. 무엇보다도 경험에 의하면, 감정이입을 위해 필요한 능력과 전통적인 행동양식으로부터 자유로움의 성취는 업무나 인사행정에서 어려움을 야기한다.

- 시각적인 창조공학(그림 또는 포스터를 봄으로써 생기는 소외감)
- 어휘-자극 분석(예를 들면, 사전 밖에서 무작위로 낱말을 찾음으로써 행해지는 심리적 연상)
- Force-fit game(주어진 문제를 가능한 한 짧은 시간에 해결하고자 시도하는 두 팀에 의한 문제해결의 전개)
- TILMAG 방법(=독일어 부분이라 해석하지 못했습니다=심리적 연상과 공통의 특징을 기초 수단으로 한 이상적 해결책 요소의 변형), 창조공학과 연관된 Battelle Institute의 절차
- 인접분야 통합(문제의 주변분야 또는 인접분야에 특별한 주의를 요하는 창조공학의 변형)
- 의미론적 직관(구체적인 상황에 대한 지어진 명칭과 명칭들을 조합함으로 인한 상황들에 대해서 새로운 문제해결을 향한 움직임으로부터 추론)

기본적인 필요조건과 규칙은 brainstorming의 것들과 광범위하게 일치한다.

창조공학은 특정한 창조이론에 기초하고 있고, 또한 심리분석 측면을 이

용한다. 이 이론은 창조적 사고의 과정을 관찰함으로써 개발되었다. 두 개의 근본적인 메커니즘이 주목되어야 된다.

- 참가자들은 익숙한 모델과의 비교를 통해서 새로운 문제의 '이질적인 측면'에 익숙해져야 한다.
- 참가자들에게 익숙한 것은 'made alien' 되어야 한다. 예를 들면 이것은 낱말게임과 은유에 의해서 됐다(=비유적인, 비교적인 정의. 예: 'salami tactics'〈조직에서 달갑지 않은 분자의 제거 정책〉).

소외감의 목적을 위해 창조공학은 사회자가 고무시키는 질문을 하는 동안 은유적인 유추와의 활동을 요구한다.

실질적인 '창조공학 효과'는 다시 말하면, 전에 관련 없는 요소들의 창조적 결합은, 이 상대적으로 긴 소외감 단계 후에 비로소 나타난다. 그러고 나서 얻어진 요소들은 강력하게 결합되고 그 문제에 적용된다(force-fit).

원칙적으로 창조공학과 brainstorming은 기획과 의사결정 과정의 동일한 단계와 유사한 상황에서 사용된다. Brainstorming과 비교해 창조공학의 주제 문제는 좀더 복잡하고, '좀더 새로운' 문제일 수 있다. 그러나 어떤 문제의 정확한 한계를 설정하는 것 또한 창조공학에서는 매우 중요하다.

Brainstorming과 같이 창조공학은 해결책의 시발점(근원)을 제공한다. 그러나 일반적으로 완전한 해결구조로 끝나지는 않는다. 예를 들면, 형태학상의 상자가 그렇다. '끝나다'를 완전한 해결책으로 기대해서는 안 된다. 따라서 최종평가 전에 여전히 완결되어야 하는 또는 변화되어야 한다는 자극만 기대된다.

Battelle Institute에 의해 공식화된 기본문제의 형태에 관해서는 창조공학이 일반적으로 brainstorming보다 우수하다 - 실험이 보여준 것처럼. 그러므로 창조공학은 다음에 적합하다.

　- 분석적인 문제(문제의 규명)

　- 문제의 연구(다양한 기준 찾기, 특히 해결책에 대한 생각)

　- 복잡한 형태와 연관된 문제(새로운 배치 또는 부분적인 해결책 또는 요소)

그러나 창조공학과 brainstorming 사이의 차이는 조사문제의 경우 아주 작게 나타난다는 것이 증명되었다.

큰 조직에서는 창조공학이 비교적 매우 복잡한 문제에 종종 사용된다(예를 들면, 순수한 연구작업에서). 아마도 특허를 위해 발표되고 공개된 NASA 발명품의 상당비율이 창조공학 회의로 거슬러 올라간다.

알려지고, 발표된 실례는 주로 기술 분야에서 나온다.

예를 들면,

　- 새로운 자동차 전조등

　- 뚜껑 없는 치약튜브

　- 침대 디자인에 있어서 새로운 경향

　- 도로에서의 바람직한 운전의 촉진

공공행정에서는 특정하고 실질적인 적용분야가 현재는 알려진 것이 없다.

원칙적으로, 적용의 분야는 brainstorming과 같이 적용된다. 공공행정의 모든 수준과 범위에서 아이디어를 찾아내는 과정은 빈번히 수행되고 비교적 복잡한 문제는 적용 가능한 분야를 고려함으로써 해결되어야 한다.

※ 몇 가지 예

　- 기술 당국(건설, 교통 등)

　- 교육, 문화, 공공보건 등

　- 행정조직, 합리화 등

그 단점들은 무엇보다도 brainstorming과 비교를 통해서 볼 수 있다. 전 토론에서 언급된 것으로 brainstorming과 비교를 통한 창조공학의 장점이 중요치 않은 것은 아니며, 이것은 또한 주목되어야 한다. 상대적으로 엄격한 감정적, 지적 요구는 참가자들에게 달려 있다. 행정에서 이러한 요구들은 종종 만족되지 않을 수도 있고 또는 상대적으로 광범위한 훈련 후 만족될 수 있다. 사회자는 포괄적인 심리훈련을 해야 한다. 참가자들은 그들을 방해하는 것을 이에 상응하게 제거할 수 없고, 충분히 진지하지 않아서 협력에 대한 준비가 불충분함이 어렵지 않게 관찰된다.(농담을 함. 특히 개인적 유추를 끌어낼 때.) 이것은 만약 상대적으로 참가자들 지위에 커다란 위계적인 차이가 있다면 특히 그렇다. 창조공학은 상대적으로 비용이 많이 드는 절차이다.(많은 훈련, 많은 시간을 필요로 한다.)

현실에 대한 재고려와 참가자들에게 종종 어려움을 주는 문제에 유추와 예를 적용한다. 그렇지 않으면 brainstorming에 대해 기술된 적용의 어려움은 또한 창조공학에도 대체로 적용된다.

2) 기법의 기술: Brainwriting

(1) 개 요

Brainwritng은 구두적인 Brainstorming과는 대조적인 것으로 idea들은 집단에서 작성을 통해서 수집되는 것을 가리키도록 의도되어진 다소 부적절한 단어이다. 그러한 창조적 회의의 참여자들은 종이쪽지 위에 설정된 상세화된 문제에 관한 idea를 적고 이러한 수단으로 idea를 조합하기 위해 (쪽지를) 상호 교환하거나 추후에 그 idea를 토론하고, 개선시키고, 정리하기 위해 게시판에 걸어둔다. Brainwritng에서 집단적 심리요소는 idea의 체계적 교환과정에 있어서 그리고 문서화를 통해서 보다 더 감소된다.

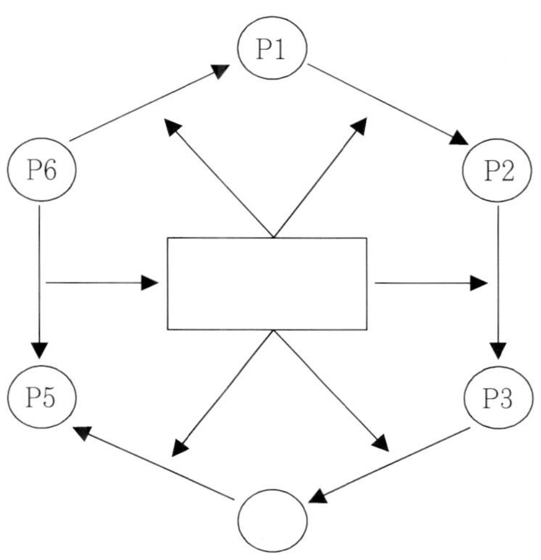

　　창조성을 자극하기 위한 모든 기법들과 마찬가지로 Brainstorming과 Brai-
nwriting은 기본적으로 해결책의 방향의 언급뿐만 아니라 문제해결의 목적에
대해서 그리고 현재의 상황에 관해서 모두 비구조화된 문제에 적합하다. 창조
성을 자극하기 위한 다른 기법들과 마찬가지로 Brainstorming과 Brainwriting
은 기획과 의사결정 과정에 있어서-그리고 무엇보다도 문제와 결함의 확인뿐
만 아니라 대안들에 관련된 정보의 탐색에 있어서 정보를 수집하는 단계에서
사용된다. 여기에 Brainstorming과 Brainwriting이 자료수집을 제공한다는 측
면에서 새로운 방향과 관점을 제시해 줄 수 있다. 하지만 어떤 문제해결책에
대한 자극을 제공할 뿐이지 완전히 공식화된 해결책과 종합안을 제공할 수는
없다. Brainstorming과 Brainwriting은 많은 실제적인 해결책이 있을 수 있는
단순구조화된 문제들에 적합하다. 따라서 복잡한 문제들은 미리 배제되어야 한
다. 이러한 기법들은 분석과 계산이 행해져야 하는 양적인 문제들에 대해서는
적합하지 않다. 문제들은 해결책의 많은 다른 원리들이 짧은 기간 내에 해결될
수 있는 그러한 문제에 한정되어야 한다.

Brainstorming과 Brainwriting은 구체적이고 범위가 정해진 형태의 문제를 탐색하는 데 적합하다. 반면에 분석과 복잡한 형식을 포함하는 문제들에 대해서는 덜 적합하다.

Brainstorming은 공공행정에서 자주 사용된다. -확실히 말하면 항상 모든 규칙의 엄격한 준수하에서 사용되어지는 것은 아니다. Brainstorming이란 용어는 직원들이 주어진 문제에 관한 새로운 idea를 제공하도록 요구되어지는 비공식 회의와 관련하여 종종 사용된다.

공공행정에 있어서 보다 널리 보급된 것은-특히 기획진에서, 등등-'Metaplan 기법'인데 서면토의의 형식과 함께 Brainwriting의 변형이 사용된다.

기획행정에서 Brainstorming 기법과 Brainwriting 기법의 사용은 기획과 의사결정 과정의 어떠한 단계에서 아이디어가 매우 긴급히 획득되어야만 하는 곳이면 어디에서나 고려해 볼 수 있다. 정부차원의 행정에 있어서 적용분야는 특히 대안의 획득(가장 다양한 정책 분야들)뿐만 아니라 목표설정, 프로그램 기획, 그리고 내부조직상의 업무, 새로운 행정서비스의 창출 등에서 찾아볼 수 있다.

지방정부에서 중요한 적용분야는 예를 들면, 도시개발 기획, 조직상의 업무 또는 지방정부 활동에 대한 시민들의 이해를 향상시키기 위한 수단에서 나타날 수 있다.

Brainstorming 기법에서 아이디어의 자유로운 조합방식은 매우 거리가 먼 부분적인 아이디어를 종종 발견 못하거나 결합시키지 못하기 때문에 항상 매우 생산적인 것은 아니며 근본적인 해결을 가져오는 것도 아니다.

Brainstorming 기법과 Brainwriting 기법은 자신이 아이디어에 대한 개별적 탐색을 하는 것보다 더 생산적인지 어떤지 하는 점에 대해서는 논란의 의견들이 있다. 매우 질적인 것보다 양적인 것이 결과가 되는 것을 때때로 관찰할 수 있다.

문제의 모든 측면을 단기간에 이해하거나 평가할 수 없기 때문에 표면적인 해결을 범할 위험이 있다.

Brainstorming 그룹에서의 상승효과가 충분히 활용되지 못하고, 최후의 결과가 의견이 교환되어 이루어진 의제가 아니라 단순히 분절된 아이디어의 조합이 될 수 있다는 데 위험성이 있다.

무시할 수 없는 부가적 위험성은 참여자의 습관적 사고구조와 경향을 Brainstorming 절차에 의해서 평가하도록 충분히 변화시키는 것이 불가능하고 그와 같은 토론이 일상적인 회의로 변한다는 점이다.

공개적 토론의 결과가 무관한 분야로 흘러갈 위험이 있다. 이 기법은 참여자에게 문제의 분석과 객관적인 견해에 대한 충분한 지원을 제공하지 못한다.

계층제의 고위급 인사들이 Brainstorming 회의를 좌우하고 다른 참여자의 창조성을 방해할 수도 있다.

습관적이지 못하기 때문에 비판을 억제하라는 요구는 참여자에게 부정적 영향을 끼칠 수 있다.

일반적으로 사용될 수 있는 아이디어의 퍼센티지는 대략 $5 \sim 10\%$ 정도로 매우 적다. 특히 Brainwriting 기법에 있어서 엄격한 절차상의 형태가 창조적인 자유로운 활동을 억제할 수 있고, 문서형식은 창조성을 희생해서라도 논리적 사고를 선호하는 것과 시간적인 압력이 참여자의 창조적 개발을 손상시킬 수 있다는 것을 주지해야 한다. 기획행정에서, Brainstorming 기법과 Brainwriting 기법의 사용은 기획과 의사결정 과정의 일정한 단계에서 아이디어가 매우 긴급히 필요한 경우에는 언제든지 고려해 볼 수 있다. 중앙정부 차원의 행정에 있어서 적용분야는 특히 대안의 획득(가장 다양한 정책분야들)뿐만 아니라 목표설정, 프로그램 기획, 그리고 내부조직상의 업무, 새로운 행정서비스의 창출 등에서 찾아볼 수 있다.

지방정부에서 중요한 적용분야는 예를 들면, 도시개발 기획, 조직상의 업무, 또는 지방정부 활동에 대한 시민들의 이해를 향상시키기 위한 수단에서 나타날 수 있다.

〈Nakamura와 Smallwood 모형〉

구 분	정책결정자의 역할	정책집행자의 역할
고전적 기술자형	• 구체적인 목표를 설정 • 집행자에게 기술적인 권한 위임	정책결정자의 목표를 지지하고 목표달성을 위한 기술적인 수단 강구
지시적 위임가형	• 구체적인 목표를 설정 • 집행자에게 행정적 권한 위임	결정자의 목표를 지지하며 목표달성을 위해 집행자 상호간에 행정적 수단에 관하여 협상을 벌인다.
협상자형	• 목표설정 • 집행자와 목표 또는 목표달성 수단에 관해 협상	결정자와 목표달성수단에 관해 협상을 한다.
재량적 실험가형	• 추상적 목표지지 • 집행자가 목표 및 목표달성 수단을 구체화하도록 광범위한 재량권 위임	정책목표가 불명확하기 때문에 결정자를 위해 목표와 수단을 명확히 한다.
관료적 기업가형	• 집행자가 설정한 목표와 달성 수단을 지지	목표와 수단을 형성시키고 결정자로 하여금 그것을 받아들이도록 설득한다.

자료: R. T. Nakamura & Smallwood(1980, 112~142).

제 3 장
기획집행에 영향을 미치는 요인

Ⅰ. 기획집행체제의 내적 요인

(1) 자 원

자원의 질과 양 그리고 그에 대한 관리의 문제이다. 자원에는 인적·물적
자원과 정보·권한 등의 무형자원이 포함

(2) 정책목표

정책목표가 명확히 정의되어야 하고 내적 일관성

(3) 기획집행담당자

성공적인 기획집행을 위해서는 쇄신적이고 문제해결지향적이며 관리지향
적인 공무원들이 내면화할 수 있도록 하는 방향으로 각종 교육훈련

(4) 집행절차

업무처리규정, 즉 표준운영절차의 확립과 그 적용상에 있어서 공정성과
합리성까지도 동시에 확보

(5) 내·외부적 조직구조

내부구조는 특히 기획집행조직 내부에서의 상관과 부하의 관계이며, 외부
구조는 기획결정자와 기획집행자 간의 관계와 기획집행자와 기획의 영향 대

상인 제반 사회단체 및 개인 간 일반적 상황에서는 민주적 구조를, 신속한 집행이 요구되는 상황에서는 권위주의적 구조를, 고도의 쇄신성을 요구하는 기획집행은 자유방임적 조직구조를 지닌 기획집행조직이 보다 높은 효과성 있다.

II. 기획집행체제의 외적 요인

(1) 사회경제적 여건 및 기술

사회경제적 여건과 기술동원 가능성에 따라 정책집행상의 우선순위가 달라질 수 있고 지역 간 여건의 차이도 영향

(2) 기획집행과 관련된 문제 및 집단의 특성

기획을 출현시킨 사회문제의 성격에 따라 제반 이익집단의 영향을 받을 수 있다.

(3) 문화적 특성

일반사회문화 집단 및 기관의 조직문화에 영향

(4) 대중매체의 관심과 여론의 지지

기획의 성공적인 집행이 좌우

(5) 집행결정기관의 지원

대통령과 국회 같은 정책결정기관은 중대한 영향요인

Ⅲ. 기획의 평가

1. 기획평가의 의의

가장 보편적인 하나의 기준이 바로 능률성이다. 즉, 어떤 대안이 **최소의 비용으로 최대의 효과를** 가져오는가. 1950년대에 개발된 이후 광범위하게 사용된 비용·편익 분석은 분명히 이러한 기준을 제시하고 있다. 또한 프로그램의 **효과성과 능률성을 결정하는 변수로서는** 효용성(availability), 접근성(accessibility), 양(quantity), 질(quality), 비용(cost), 수용성(acceptability), 계속성(continuity) 등을 들고 있다.

2. 기획평가의 방법

- **비용·편익 분석은** 어떤 계획이나 프로그램의 선택은 국가경제나 구체

적으로 명시된 어떤 경제단위에 대한 순기여도에 의해 결정되어야만 한다는 이론에 근거, 한계성이라는 경제개념을 적용하는데, 이는 가장 효율적인 계획안은 한 단위의 투자에 대해 가장 큰 편익을 산출하는 것임을 의미한다. 비용－편익 분석이 갖는 하나의 장점은 모든 산출이 화폐단위로 계량화되어야 한다.

의사결정자들이 직관적으로 이해할 수 있도록 서로 다른 대안들에 행한 광범위한 결과를 합하여 하나의 지표로 나타낼 수 있다는 장점 때문에 가장 빈번히 사용되는 평가도구－**비용·효과 분석**의 유용성은 유사한 산출결과를 나타내는 프로그램이나 서비스들을 비교하는데 한정 비용효과 분석은 서로 다른 유형의 프로그램(예를 들면, 안전띠 착용을 장려하기 위한 운전자교육과 장애 어린이를 위한 탁아소 프로그램)의 산출결과를 비교가능한 공통분모로 합산할 수는 없다.

대안의 **산출결과**를 계량화하거나 합산하는 데 너무 과다한 시간과 자원이 소요될 경우 대안들을 평가하기 위한 다른 방법이 사용되어야만 한다. 대안의 산출결과들을 공식화하여 보여주는 한 가지 방법이 영향분석이다.

－ **영향분석**은 특정한 평가를 각 대안의 산출결과와 영향이 상대적 가치, 효용, 또는 불편익 등을 매트릭스나 일종의 점수체계를 이용하여 나타내는 것이다.

IV. 미래예측의 의의

1. 미래예측의 의의

미래예측에는 결정적인 결함이 있는데, 미래라는 것이 항상 불확실하다는 사실

모든 가능한 미래 중에서 선택된 미래를 구축하는 것이 곧 미래예측

미래예측(forecasting)이란 **기존의 정보를 토대로 미래의 사회상태(future state of society)에 관한 사실적 정보(factual information)를 산출하는 절차를 말한다**(Dunn, 1981, 140~218; Hogwood & Gumn, 1984, 133~134; 남궁근, 1998, 171).

- 하나는 개념적으로 이미 알려진 사실이나 법칙으로부터 미지의 사건을 연역하는 것이고,
- 다른 하나는 사건의 발생순서에 따라 일어나는 미래의 결과를 진술하는 것이다.

미래에 대한 예측은 도대체 어떠한 형태의 미래가 보다 바람직한 것인가를 판단하지 않고서는 불완전할 수밖에 없다.

미래예측은 **과거에 관한 지식을 기초로 하여 가치의 변화를 설명하고 예견(predict)할 뿐만 아니라 현재와 미래의 가치에 대한 능동적인 변화까지도 포함한다.**

예측을 통하여 정확성이 높은 정보를 얻으면 정책결정자는 그 정보를 토대로 환경에 능동적으로 대처하여 미래를 바람직한 방향으로 변화시켜 갈 수 있고, 공해나 환경오염 등 부정적인 결과에 대처할 수 있는 대안을 마련

할 수 있다. 행정의 주요 과제 중의 하나가 다가올 미래를 예측하고 그것을
바람직한 방향으로 통제하는 것이라고 할 때, 미래에 대한 정확한 예측 없이
는 미래에 발생할 가능성이 있는 사회상태 중에서도 정책수단을 통하여 특별
히 통제하고자 하는 부분에 대하여 이루어지게 된다(Dunn, 1981, 141).

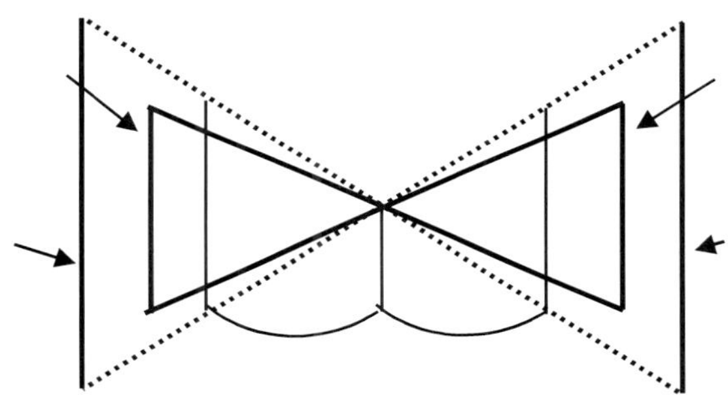

1) 브레인스토밍 개시

브레인스토밍은 **집단적 토의를 통하여 미래를 예측**한다. 그러므로 첫 단
계에서 연구문제와 관련된 상황에 관하여 **특별한 지식이 있는 사람을 선발**
하여야 한다.
　관련분야의 전문가, 독창성이 있는 사람, 정책으로부터 직접 영향을 받게
되는 관련자를 포함, 보통 **5명에서 12명의 소규모**로 구성

2) 아이디어 개발

아이디어 개발단계에서는 **미래에 발생할 가능성이 있는 사건들의 목록을**
작성한다.

가능한 한 개방적인 분위기를 유지하여 **창의적인 아이디어**가 많이 나올 수 있도록 하여야 한다.

아이디어의 개발과정은 후속하는 평가과정과 엄격하게 분리시켜야 하는데 그 이유는 격렬한 **집단토의**가 시기상조적 비판과 토론에 의하여 방해받을 수 있기 때문이다.

3) 아이디어 평가

아이디어 평가단계에서는 개발단계에서 작성된 미래에 일어날 사건의 목록 중에서 **중요한 사건은 무엇인지**, 그 사건이 **발생할 확률은 어느 정도인지**에 대하여 판단이 이루어진다. 의욕적인 전문가들로 팀을 구성하여 수년 동안 자주 만날 수 있는 연속적 세미나를 도입하는 방법이 있다.

다른 방법으로는 가상적 미래사건에 대한 윤곽인 '시나리오'를 구성하여 미래상황의 특정측면을 기술하기 위하여서 상상력을 건설적으로 사용하는 방법이다.

2. 델파이 기법

델파이(delphi) 기법은 1948년 미국 랜드연구소의 연구진에 의하여 개발되어 공공부문이나 민간부문의 예측활동에 이용되어 왔다. 원래 이 기법은 군사전략문제에 적용되었지만 점차 다른 분야의 예측에도 확대하여 적용되고 있다. 현재 이 기법은 교육, 기술, 판매, 수송, 대중매체, 의료, 정보처리, 연구개발, 우주탐사, 주택, 예산편성, 생활수준 향상 등의 분야에 적용되고 있다.

델파이 기법은 소수인사에 의하여 토론과정이 지배되는 현상, 동료집단의 견해에 따라야 한다는 압력, 개성 차이와 참여자들 간의 갈등, 권위 있는 지위에 있는 사람들의 의견에 공공연하게 반대하는 데 따르는 어려움 등 여러 가지 문제를 피하기 위해 설계되었다.

1) 익명성

전문가와 참여자들은 **익명성이 엄격하게 보장된 개인으로서 답변**한다.

2) 반 복

개개인의 판단은 **집계하여 몇 회에 걸쳐 참가한 모든 전문가들에게 다시 알려주고**, 이렇게 함으로써 사회학습의 기회를 제공하고 **이전의 판단을 수정**할 수 있도록 한다.

3) 통제된 환류

질문자에 대한 응답을 요약수치로 나타내어 **종합된 판단을 전문가와 참여자들에게 전달**한다.

4) 응답의 통계처리

개인들의 응답을 요약하여 최빈수, 중위수 또는 평균 등 중앙경향값, 사분편차 등 산포도, 막대그림표, 도수다각형 등 도수분포의 형태로 제시된다.

5) 전문가 합의

예외는 있지만 이 기법의 주요 목표는 전문가들 사이의 합의가 도출될 수 있는 조건을 마련하여 합의된 의견을 찾아내는 것이다.

〈델파이 기법의 절차 / 설문지〉

단 계	주요 실시 내용
제1단계	미래에 발생할 것으로 예견되는 사건(event)을 수집 – 문제설정
제2단계	각 사건별로 시간과 확률을 가미한 설문문항 작성
제3단계	설문문항 발송
제4단계	수집된 델파이 설문지를 통계처리
제5단계	제4단계에서 구한 통계치를 전문가집단에게 다시 발송, 이때 자신의 전 단계에서의 응답내용을 수정할 사람은 수정을 하도록 권고
제6단계	제5단계에서 수집된 자료를 가지고 제5단계의 작업을 반복
제7단계	최종적으로 수집된 예측 / 해결안을 중심으로 시나리오 작성
제8단계	제7단계에서 작성된 시나리오를 전문가집단의 전체 회의에 회부하여 종합토론 실시

자료: 안문석(1995: 85~86)

미래를 예측하는 델파이 기법은 대체적으로 다음과 같은 장점이 있다고 평가된다(Helmer, 1966; 강근복, 2000, 143~144).

- 첫째, 델파이 기법은 **대면적 회의**에서 나타날 수 있는 **부작용을 최소화**한다.
- 둘째, **통제된 환류의 효과**를 얻는다. 전문가들은 다른 전문가들이 제시하는 이유들을 보고 자신의 **견해를 수정**할 수 있으며, 관심을 두지 않았던 항목에 대해서도 **새로운 관심과 중요성을 발견**할 수도 있다.

- 셋째, 델파이 기법은 참여전문가들 간의 대면적 접촉을 필요로 하지 않기 때문에 **비용 면에서도** 다른 기법들에 비해 **저렴**하다.

V. 미래예측기법의 선정

앞에서 이미 언급한 바와 같이 미래예측기법은 크게 **정성적 기법과 정량적 기법**의 두 가지로 구분할 수 있고 정량적인 기법은 다시 시계열분석법과 인과모형으로 구분할 수 있다.

각각 다른 특징을 가지고 있고 따라서 적용분야에 따라 장·단점이 달리 나타나기 때문에 **어느 기법을 선정해야 할 것인가는 대단히 중대한 문제가** 된다.

이 문제 중의 하나는 예측의 정확성과 비용에 관한 것이며 다른 하나는 예측 대상의 수명주기의 단계가 어디에 위치하고 있는가에 관한 것이다.

정확한 예측은 보다 높은 예측비용을 필요로 하며 보다 부정확한 예측은 낮은 예측비용을 발생시킨다.

예측 오류에 의한 발생비용과 예측에 관련된 지출비용은 서로 상반된 관계에 있고 따라서 비용을 적절히 상쇄하지 않으면 안 된다.

이론상으로는 예측의 정확성을 두 가지의 비용, 즉 예측 비용과 예측오류에 의한 비용의 합이 최소가 되는 지점에서 결정되어야 한다.

기획의 효과를 높이기 위해서는 정부의 역할도 중요하게 작용한다. 정부가 어떠한 기획을 가지고 있으며 어떠한 방향으로 기획을 실행에 옮길 것인가에 따라서 기획 방향이 달라지기 때문이다.

기획은 정보관리에서부터 정보서비스까지 전반적인 분야에 관여한다.
특히 행정기획은 다양성을 내포하고 있다.
이를 그림으로 표현하면 다음과 같다.

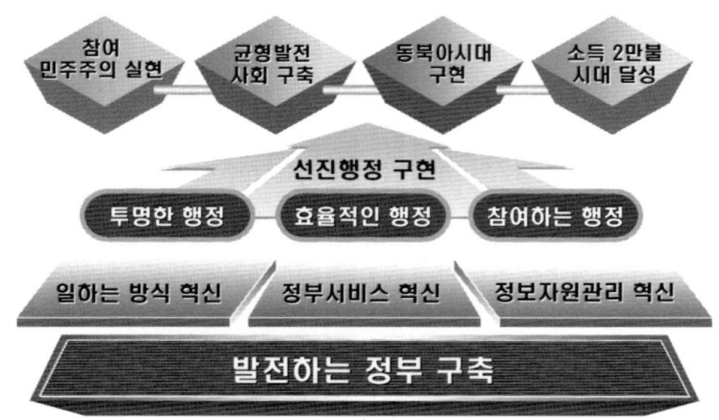

기획정부의 비전 또한 지속가능하여야 한다.

지속적이지 않은 기획은 정책과 연관되기 힘들다. 즉 단시일에 이루어지는 임기응변식이 되기 쉽고 단발성이 되기 쉽기 때문이다. 행정정책의 기획은 지속성이 있어야 한다.

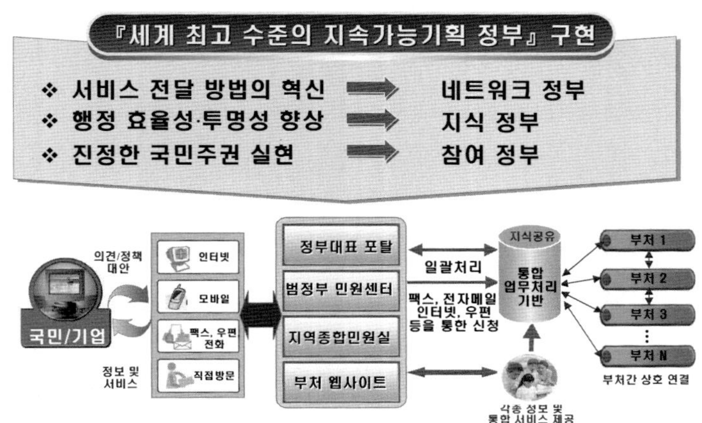

　서비스 전달방식, 행정효율성, 국민주권적, 이 모든 것이 이루어지기 위한 기획으로 발전하여야 하며 변하여야 한다.

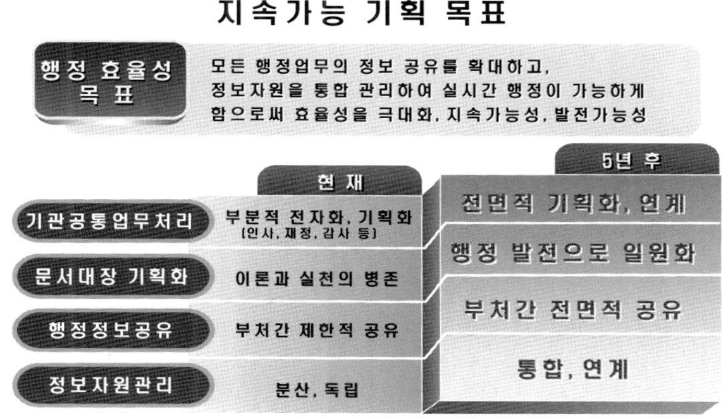

VI. 기획집행과 통제

1. 정부기획기구

1) 의　의

　기획기구란 기획제도의 운영을 직접 담당하는 조직구조를 뜻하며, 사적 기획기구(private organization for planning)와 공공기획기구(pubic organization for planning)로 분류되고 있다. 기획기구를 설치하는 데 있어서 제기되는 문제는 기획기구를 어떤 지위로 설치하여야 하는 것이 효과적이냐 하는 것이다. 민주적 기획은 기획제도 운영에 있어서의 민주화와 능률화를 동시에 확보하여야 한다.

기획기구의 설치에 있어서 고려되어야 할 문제점 중 대표적인 것은 다음 세 가지가 있다.

(1) 사기관과 공공단체 중 어느 쪽에다 기획임무를 위탁할 것인가?

(2) 공공단체에 설치할 경우 조직계층상 어느 곳에다 어떤 유형으로 기획기구를 설치함이 가장 효과적이겠는가?

(3) 기획기구의 설치장소와 유형이 결정이 되고 나면 그 기관의 인원구성은 어떤 식으로 하는 것이 가장 합리적이겠는가?

2) 정부기획기능의 배분

정부기획기구를 설치하는 데 있어서 효과적·합리적으로 조직을 만들기 위해서는 중앙기획기관은 어떤 기능을, 다른 행정계층의 기획기관은 어떤 기능을, 그리고 민간부문에서는 어떤 기능이 적합할 것인가를 적절히 배분하여야 한다. 정부기획기구에서의 기능배분에는 예산기능, 통계 및 정보기능, 지방기능, 국제협력기능 등이 공통적인 요소이다.

3) 정부기획기구의 기능

국가기획을 수립하고 통제하는 주관기능을 담당하는 부서를 정부기획기구라 하며, 그 기능은 그 나라의 정치·경제상황의 성격에 따라 정부 조직 내에서 지위와 유형이 달라진다.

정부기획기구의 기능은 다음과 같다.

① 중·장기 및 연차별 국가발전계획을 수립하고 수정 보완한다.

② 국가규모가 작거나 독자적인 지역단위기획기구가 없는 경우에는 지역 개발계획의 작성도 정부기획기구에서 담당한다.

③ 중기계획을 실천하기 위한 연차계획을 작성한다.

④ 기획의 집행에 소요되는 재원과 인적·물적 자원을 동원하기 위한 제도, 정책, 기타 수단을 강구하여 건의한다.

⑤ 계획의 진도와 추진실적을 정기적으로 평가하고 보고하며, 문제점 또는 저해요인을 규명하여 그 대책을 제시한다.

⑥ 외국 기술의 도입 및 활용계획을 조정하고 통제한다.

정부기획기구는 일반국민의 이해와 참여, 그리고 지원을 확보할 수 있도록 조직하고 운영되어야 하고, 기획과정에서 민간부문의 대표들이 참여할 수 있는 제도적 장치가 있어야 하며, 각계각층의 의견을 수집하여 중지를 모으는 과정 역시 제도화되어야 한다.

4) 정부기획기구의 형태 및 한국의 기획기구

(1) 정부기획기구의 형태

① 행정수반직속형

중앙기획기구를 행정수반 안에 설치하거나 최소한 그 직속으로 하는 형태로서 가장 큰 장점은 최고정책기획기구가 기획과정에 깊이 참여하고 중요한 결정을 적시에 내려줄 수 있다는 점이나, 기획과정에서 정치적 영향력이나 행정수반의 개인적 편견이 작용하여 계획의 합리성을 저해할 우려도 있다.

② 내각수반직속형

중앙기획기구를 내각에 설치함으로써 내각수반이 직접적으로 관여하여 결정을 내릴 수 있고, 일반부처의 계획을 종합·조정하기가 용이하지만, 반면 기획기구와 예산을 관장하는 부처가 이원성을 띠게 되므로 기획과 예산 간에 괴리가 생길 우려가 있다.

③ 독립형

기획기능의 자율성과 정치적 중립성을 보장하기 위하여 중앙기획기구를 행정부 밖에 독립기관으로 설치하는 형태이다. 이러한 경우 국가기획을 정치로부터 유리시켜 합리성을 높일 수 있으나 부문별 계획과 횡적 연결이 잘 맞지 않을 뿐만 아니라 정치성을 내포한 개발계획을 추진함에 있어서 어려움에 처할 수 있다.

④ 기획전담부처형

중앙기구로서 행정부 내에 국가기획을 전담하는 부처를 두는 유형으로, 전적으로 기획만을 담당하기 때문에 전문성과 능률성을 높일 수 있고, 기획부 장관이 내각이나 국회에 참여하기 때문에 기획기구를 대변할 수 있다는 장점이 있으나 신속한 기획의 조정이 어렵다는 단점도 가지고 있다. 과거 우리나라의 경제기획원이 이 유형의 예라 하겠다.

⑤ 병설형

중앙기획기구를 별도로 설치하는 것이 아니고, 기획담당기구를 어떤 행정부서 내에 병설하는 형태이다.

Ⅶ. 기획의 이념

- 기획이념은 행정이념의 하위체계
- 행정이념이란 행정이 지향하고자 하는 이상, 궁극적 가치, 규범, 정신, 지침(철학적 요소)
- 행정이념을 논의하는 이유는?
  첫째, 창의적이고 쇄신적 행정을 구현하며
  둘째, 사회변화에 대한 행정의 대응능력과 문제해결능력의 최고를 위한 것
- 합법성, **능률성**, **민주성(기본구도)**, 효과성, 생산성(효율성), 사회적 형평성
- 행정이념은 시대상황에 따라 상대성 고려, 정도의 차가 있어 상대적 우선순위 결정을 중요시한다.

1) 합법성

- 19C 초 법치국가, 행정권의 자의적 발동을 억제함으로써 국민의 권리와 자유를 보장하고 법적 안정성을 확보하기 위하여 합법성을 강조
- 법에 의해 규제됨으로써 법을 떠난 자의적인 행정활동이 허용되어서는 안 된다는 것으로 현대행정에서는 형식적 합법성보다는 **실질적 합법성의 추구**가 요청된다.

2) 능률성: 일반적인 능률개념＝산출 / 투입, 노력에 대한 성과의 비

- 19C 말 행정국가의 대두와 과학적 관리론 및 정치행정이원론의 영향으로 능률성이 강조된다.
- 최소의 비용과 노력으로 최대의 산출·성과를 얻고자 하는 것
- 1930년대 후반 디목(M. E. Dimock)에 의해 초기의 **기계적 능률**[1]에서 인간가치의 충족과 사회목적의 실현을 중시하는 **사회적 능률**[2]로 전환되었다.

  ※ **기획에서 능률의 확보가 어려운 이유?**
  ① 화표로 효과를 표시하기 어려움
  ② 비용개념이 시각에 따라 다름
  ③ 목표는 가시적으로 측정하기 어려움

3) 민주성

- 20C 초 경제대공황 이후 과학적 관리론과 기계적 능률관에 대한 비판
- 1930년대 인간 관계론과 정치행정일원론이 주장되면서 민주성이 강조
- 대외적으로 국민의 의사를 반영하고 국민에게 책임을 지는 행정을 구현하고, 대내적으로 공무원의 인간적 가치를 중시하는 인간중심의 행정을 실현하는 것을 의미[3]한다.

---

1) 기계적 능률성(비용, 시간, 인력 등의 최소화)
2) 사회적 목표의 실현, 다원적 이익의 통합 조정, 인간가치의 구현 → 사회적 입장에서 능률 고려 ☞ 인간적 능률, 합목적적 능률, 상대적 능률, 장기적 능률 등
3) 대외적 민주성의 확보방안 : 공개성의 확보, 기획과정의 민주화, 기획통제의 강화, 구제제도의 확립, 기획윤리의 확립. 대내적 민주성의 확보 : 커뮤니케이션의 원활화, 참여의 확대, 동기부여의 장려, 직무확대와 직무충실화, 분권화의 촉진, 업적평가의 정확화

4) 효과성: 목표의 달성도를 의미(질적 측면의 고려)

- 1960년대 발전행정론의 대두로 발전도상국에서 경제발전을 통한 근대화
  를 추진하기 위하여 목표의 달성을 중시하게 됨에 따라 효과성이 강조
- 투입과 산출의 비율과 관계없이 주어진 기간 내에 목표를 최대한 달
  성하고자 하는 것이다.

5) 생산성(효율성=능률성 × 효과성)

- 일정수준의 질을 가진 정부의 서비스 또는 산물을 적시에 제공하는
  데 자원을 능률적으로 활용하는 것을 의미한다.
- 정부조직이 가능한 한 능률적으로 그리고 효과적으로 활용하는 것을
  의미
- 생산성은 능률성, 효과성과 서비스의 질을 내포하는 개념[4]이다.
- 측정방법 : 투입 대 산출비, 업무기준의 측정, 효과성 측정, 전체성[5]
  과 측정법이다.

생산성을 저해하는 요인	① 행정서비스 계량화가 힘듦 ② 생산함수를 모름 ③ 정부기능의 다양성, 외부효과, 정보와 자료의 부족

---

[4] 생산성의 개념은 포괄적 다의적 특징을 띠고 있으며, 능률성 효과성 이외에 비용절
약을 비롯하여 서비스의 질 향상, 사업평가, 업무측정, 직원 유인제, 관리효과성,
업무기준이나 정치적 사회적 환경 등과 관련시켜 이해하고 있다. 이러한 생산성의
향상능력은 총체적 품질관리와 밀접한 관계가 있다.
[5] 전체성(全體性) : 사물을 하나의 전체로 파악하여 고찰할 때 그 전체가 가지는 특성.

<table>
<tr><td>생산성 향상방안</td><td>① Work-Process의 개선
② 기술혁신~기술혁신을 통한 산출 증대
③ 동기부여
④ 의사결정능력의 향상
⑤ 조직관리 운영방식의 개선
⑥ 공동생산(민간＋정부)
⑦ 민간위탁(contract out)
⑧ 민영화 과거(근래논의)</td></tr>
</table>

6) 사회적 형평성

- 1970년대 신행정론이 대두되면서 사회정의를 실현하고자 하는 입장에서 사회적 형평성이 강조
- 배분적 정의로서의 사회적 형평성의 기준 또는 평가근거로는 일반적으로 평등, 실적능력, 욕구수요, 귀속성[6] 등이 지적되고 있는데 이러한 기준근거는 자유주의 수정자유주의 사회주의 등 정치적 이데올로기의 차이에 따라 그 상대적 비중이 달라진다.
- 행정이 대외적·대내적으로 모든 면에서 공정하고, 특히 불리한 입장에 있는 소외계층에 대한 우선적인 배려를 제공하는 것을 의미한다.

1. 이념 간 상충

(1) 민주성과 능률성[7] : 엽관주의[8] ↔ 실적주의(미국의 엽관주의의 발전형태)

---

6) 귀속성: 특정집단에 대한 개인의 소속여부 및 소속감의 정도

(2) 합법성과 대응성 : 대응성~실질적 합리성, 구체적 타당성

(3) 능률성과 효과성9) : 양적 측면↔질적 측면

(4) 능률성과 형평성 : 고속성장↔소득재배분

(5) 가외성과 능률성 : 부가적 성격↔최소비용

2. 극복 · 조화 방안

(1) 우선순위의 결정 : 민주성~목표, 능률성~수단

(2) 장단기목표의 구분 : 장기목표~사회적 형평성, 단기목표~능률성

(3) 상위개념의 개발 : 생산성＝능률성＋효과성

---

7) 현대행정국가에 있어서 행정의 민주성은 목적가치로서 능률성은 수단가치로서 양자
가 상반되는 관계에 있는 것으로 이해되고 있다. 그러나 목적과 수단은 상대적인
것이므로 민주성 또한 다분히 수단가치적인 성격을 가지며, 민주적 행정의 효과를
높이기 위한 행정능률의 추구는 민주성의 방향에 부합되는 것이라 할 수 있다. 특
히 능률을 기계적 능률로서만 파악하지 않고 사회적 능률로 이해하는 경우, 행정의
민주성과 능률성은 상호 조화될 수 있다.

8) 엽관주의(spoils system)란 공직에의 임명을 정당에 대한 공헌도와 충성도에 따
라 행하는 것을 말한다. 이것은 복수정당제도와 긴밀한 관계를 가지며 정권이 바뀔
때마다 공무원들도 따라서 바뀌는 것을 전제로 한 것이다. 이 경우 관직은 선거에 승리
한 정당의 전리품처럼 이해되어 특정의 정당에 대한 정치적 봉사에 대한 보상으로 보았다.
그러므로 엽관주의적 인사행정에서는 정권이 바뀌면 기존의 재직자들은 자리를 내놓아
야 한다는 교체임용주의(doctrine of rotation)의 관념이 지배적이었다.
1829년에 잭슨(Andrew Jackson)이 대통령으로 당선되면서 엽관주의(spoils system)
도입.

9) 수단가치인 능률성을 강조할 경우에는 가정을 중시하는 반면 목적가치인 효과성을 강조
하는 경우 우선적으로 목표를 중시하게 되므로 양자는 상관관계에 있다고 이해될
수도 있다. 그러나 효과성과 능률성을 합친 개념인 효과성 또는 생산성에 있어서 생
산의 극대화가 목적달성의 극대화를 의미하지 않을 때에는 아무런 의미를 가질 수
없다. 따라서 생산성의 향상은 능률성과 효과성의 비율을 균형시킴으로써 최적화시
키는 것이라 할 수 있다.

(4) 합의과정을 통한 이념적용(meta[10]-decision making)： 사회의 지
　　배적 이념 · 가치 도출

3. 기획윤리의 특성

(1) 가치적 · 평가적
(2) 인간의 내부 중심적 마음
(3) 상황적 · 맥락적
(4) 가치판단에 바탕을 둔 가치 함축적 판단
(5) 적용윤리： 실천적 필연성

4. 기획윤리의 내용

1) 절대적 윤리설의 부류

① 목적론： '좋은 것'을 극대화, **좋은 기획=옳은 기획**, 목적론적 윤리체

---

10) 그리스어에서 유래됐으며, 화학분야에서 유사한 구조를 가지는 일련의 화합물을 분류하
　　는 데 사용한다. ① 벤젠치환체에서 치환기의 상대적 위치를 나타낸다. 즉 벤젠 · 나프
　　탈렌의 치환체에서 A의 치환기에 대하여, 같은 핵 속에서 하나 거른 탄소의 위치를 메
　　타위치라 하고, m으로 나타낸다. 메타치환체는 1,3치환체를 뜻한다. ② 어떤 기준물질
　　을 오르토화합물이라 하고, 그것이 어떤 변형을 이룬 것을 메타화합물이라 하기도 한다.

계하의 기본적 가치 : 합리성(플라톤, 아리스토텔레스, 흄, 그린, 밀)
② 의무론(법칙론) : 지켜야 할 행위의 법칙(절대불변), 행위의 옳고 그름
은 행위자체의 도덕성에 따라 판단, **도덕적 기획=옳은 기획**, 의무론적
윤리체계하의 기본적 가치 : 정의, 평등, 복지(칸트, 프라이스, 리차드)

2) 기획윤리의 철학적 기초

① 기획가들이 지켜야 할 최소한의 기준[11] (부정부패, 부조리, 직권남용,
무사안일 규제)
② 공익의 실현 및 공공복지의 증대를 위한 행동기준(행동규범, 국가공무
원법, 1980년대 공무원윤리헌장)
  - 기획윤리의 이질혼합성 : 해방직후 수입된 규범체제↔전통적 유교
  사상 규범체제
    ⇒ 이질적인 규범체제에 대해 윤리적인 갈등
    ⇒ 전통적인 윤리관+현대적인 윤리관의 조화

5. 기획가의 윤리규범

  - 기획가 : 고도의 지식과 기술, 자율적인 직업의식이 요청되는 전문직
  - 기획 : 합리적인 판단과 건전한 윤리의식 바탕

---

11) 기획가가 지녀야 할 윤리적 가치 : 정직성, 성실성, 공명정대, 법에 대한 존경심,
  국민에 대한 존경심, 근면성, 경제성과 능률성, 반응성, 책임성 등

- 미국기획가기구 : 1978년 구성, 「윤리 및 전문적 행위규약」 작성발표
  ① 공중에 대한 기획가의 책임
  ② 고객 및 고용주에 대한 기획의 책임
  ③ 직업과 동료에 대한 기획가의 책임
  ④ 기획가 스스로의 책임

〈표 2〉 사적 분야의 책임

경제적	법적	윤리적	재량적
		사회적 책임	
	현행 공직자윤리법	공직자윤리법개정안	
총 론	●없음 ⇨	●공직자의 청렴의무를 6가지로 구체화한 세부 조항을 두었음	
공직자 재산등록 제도	●재산의 가액만 표시 ●재산심사결과 이해충돌 우려 있어도 공직자윤리위원회가 해소할 방법 없음 ●허위등록에 대한 형사처벌 없음 ●피부양자 아닌 직계존비속 불고지 인정 ⇨	●재산의 취득경위, 소득원 등록 ●재산심사결과 이해충돌 우려 있을 경우 공직자가 일정한 조치를 취하고 이를 공개함 ●허위등록에 대해 형사처벌 ●피부양자 아닌 직계존비속 불고지 폐지	
이해충돌 회피제도	없음 ⇨	●이해관계직무로부터의 제척 신설 ●업무 외 소득 및 취업제한·대부 등의 제한 등 신설	
금지되는 선물	●외국정부로부터 받은 선물의 처리규정만 존재 ⇨	●이해관계자로부터의 일체의 '떡값' 등 선물 및 향응 수수 금지 ●공직자 상호간의 선물 수수 규제 등 신설	
공직자의 취업제한	●퇴직공직자 유관기업체 등의 취업제한 ⇨	●부정공직자의 취업제한 신설	
공직자에 대한 가중 처벌	없음 ⇨	●공직자의 횡령, 배임, 절도, 공갈, 사기, 직권남용, 뇌물 등의 범죄행위 가중처벌조항 신설 ●경찰, 검찰, 법원 등 사정기관소속 공무원에 대해 일정한 범죄 가중처벌 조항 신설	
주식투자에 대한 규제	●주식거래내역 비공개 ⇨	●주식거래내역 공개 ●공직과 이해충돌 우려 있는 주식의 매각 권고	

Ⅷ. 기획과 참여

1. 행정참여의 의의

- 시민의 행정참여(참여민주주의의 기본적 원리에 바탕)
- 시민이 개인적 / 집단적으로 행정의 의사결정 과정에 대하여 영향을 미치거나 관여하는 것
- 특성 ① 시민이 주체성을 가지고 의사결정 과정에 참여
② 자율적 / 적극적으로 참여
  ③ 참여의 범위 넓어지고 영향력 높을수록 공공결정 가능성 작아짐
  ④ 정부의 정통성 강화

2. 시민참여의 대두와 필요성

1) 시민참여의 대두

- 시민의 행정참여 대중민주주의 대두 및 행정국가의 출현과 함께 행정의 필수적인 요소
- 행정의 적극화, 행정이 실질적 중요한 정책결정을 좌우

2) 시민참여의 필요성

① 민주성과 책임을 확보하기 위해
② 의회의 전문가집단인 관료제에 의존, 획일적 / 기계적 행정에 시민이
   냉담한 반응
③ 전통적 선거방식의 한계 : 시민의 정책변동 유도 어려움
④ 시민정신의 강화 : 행정기관과 고객 간의 상호 작용에 의존
⑤ 지역주민의 정책결정 영향력 보장 : 시민지향적 정부의 사업계획

3. 참여방식의 유형

(1) 제도화 정도에 따른 분류

운 동	교 섭	협 찬	자 치
조직적 행위의 일방적 요구	협상과정을 통한 타협과정	부분적, 협조적 참여	행정적, 통제적 참여
비제도적인 행정참여		제도화된 행정참여	

① 조작(참여의 흉내)	② 치료(비참여)		**비참여의 단계**
③ 정보제공	④ 상담	⑤ 유화(정책 권고)	**형식적 참여의 단계**
⑥ 쌍방협동(회하식)	⑦ 권한위양	⑧ 자주관리	**시민권력의 단계**

아르스타인의 참여 정도

(2) 행정과정에 따른 분류

- 기본정책방향설정, 기획수립, 예산편성, 집행방법, 집행과정의 참여

(3) 주도권 소재에 의한 분류

- 행정주도형, 주민주도형, 수평형, 균형형

(4) 정치·행정과정의 구분에 따른 분류

- 행정과정에의 참여, 정치과정에의 참여(간접참여, 대의제)

4. 기획참여의 한계

(1) 참여의 정도 및 능력의 격차
(2) 정책결정과정의 지연·복잡화
(3) 행정내부의 저항과 대립

기획참여의 제약요인과 개선방안	
제약요인	개선방안
행정, 전산, 문화의 차이	상황이론에 따른 적용 근본에 기준을 둔다.

5. 기획참여의 실제적 수단

1) 행정주도형	2) 시민주도형	3) 공동노력형	4) 기타방법
(1) 정책자문위원회 (2) 공개청문회 (3) 전시회 (4) 서베이방법	(1) 반상회 (2) 시민운동 (3) 대중매체	(1) 명예공사감독관제도 (2) 기관장의 주민과의 대화 (3) 사랑방 순회간담회 (4) 공동생산 (5) 행정상담위원제도	아이디어 창안 시민투표, 편지보내기 전자적 시민참여

시민참여의 수단

참여기반	민원해결형	행정주도형	공동노력형	시민주도형
시정소식지 지역유선방송 정보공개조례	민원모니터제도 이동자치단체장실 민원전화120 민원기도처리반	자문위원회 공청회 간담회(설명회) 시민여론조사	자원봉사제도 마을자치회	시민감사청구제 시민제안제도 옴부즈만제도

수준	참여유형	유형별 형태	정보통신서비스 유형
개인	정보습득	공공문제에 대한 정보검색과 인지	각종 정보제공 사이트
개인	대안형성	개인적인 숙고와 의견 형성·표출	전자우편, 전자게시판
집단	정책대안 비교	집단적인 토의와 여론 형성	공공게시판, 토론방 / 대화방
집단	정책결정	정책의 결정과 집행	전자투표

6. 기획참여의 문제점 및 발전방안

1) 기획참여의 문제점

(1) 참여의 소극성(행정운영의 문제점 왜곡, 정당화)

(2) 정보의 비공개성 및 비밀성(비밀행정)

(3) 시민의식의 부족(역사적 시민계급 없음)

(4) 참여의 저항적·부정적 성격(피지배자의 입장에서 시작)

2) 기획참여의 발전방안

(1) 민의의 수용태세의 정착

(2) 정보공개의 제도화와 투명성 제고(유리창 행정의 풍토 조성)

(3) 합동체제의 구축(정부, 민간기업, 시민단체)

(4) 정책결정과정에의 참여체제 확립

IX. 기획평가

1. 기획평가의 의의와 유형

1) 평가의 개념과 필요성

(1) 개 요
(2) 필요성
(3) 평가의 정의
　① 첫째, 평가는 평가대상(조직, 사물 또는 프로그램)의 장점이나 가치를 판단하고 결정하는 측면을 지닌다. 무엇이 좋은 것이고 무엇이 나쁜 것인지 하는 가치판단 활동이 모든 평가활동의 공통적 특성을 지니고 있으며, 이것은 평가를 가장 평가답게 하는 핵심이라 할 수 있다.
　② 둘째, 평가는 조직 또는 프로그램에서 의도한 목표나 요구한 바를 어느 정도 달성했는가 하는 효과성(effectiveness)을 결정하는 측면을 지닌다(Timmreck, 1995, 180). 흔히 효과성이란 '목표달성도'라고 추상적으로 정의되고 있지만 '목표'라는 말 자체도 추상적일 뿐 아니라 개념공간이 매우 넓기 때문에 유용한 정의라고 보기 힘들다. 그러나 지금까지 '조직평가'라 했을 때, 이를 조직효과성 평가의 줄임말로 빈번히 사용되어 왔듯이 효과성 개념은 조직의 전반적인 성공도를 나타내는 가장 포괄적인 개념으로 볼 수 있다. 이를테면 능률성, 만족성, 신축성 등의 조직가치를

포괄하는 상위개념이 효과성이라 볼 수 있다.

③ 셋째, 평가는 의사결정에 기여하는 측면을 지닌다. 이것은 평가 활동의 본질이 평가요구자의 의사결정에 필요한 정보를 제공해 줌으로써 그들의 요구와 기대에 부응해 주는 매우 실용적인 활동 이라는 것이다.

2) 평가의 유형

(1) 목 적

첫째, 프로그램 운영의 성공여부에 대한 환류를 통해 프로그램의 중단, 축소, 유지, 확대여부 등 정책을 결정하도록 하기 위한 것이다.

둘째, 사용의 능률성 및 효과성 등을 내보이는 책임성의 이행을 위해서이다.

셋째, 프로그램 속에 내재된 변수 간의 인과관계를 검증하여 이론형성에 기여하기 위해서이다.

(2) 유 형

① 평가의 유형을 사업이 시작되기 전에 평가를 하는 사전평가와 사업이 시행된 후 실시하는 사후평가로 구분할 수 있다. 사전평가의 내용은 주로 사업계획의 타당성이나 합목적성, 투자자원의 합당성 등에 대해 평가하게 된다(한국전산원, 1999, 9~10). 사업이 완료된 후의 사후 평가는 장기적으로 정책담당자들의 책임성을 높이고 이를 환류해서 향후 유사사업을 추진하는 데 평가결과를 반영하도록 하기 위해 필요하다.

② 평가를 그 실시목적에 따라 형성평가와 총괄평가로 구분할 수 있다.

ⓐ 형성평가(formative evaluation)는 서비스나 그 전달계획을 증 진시키거나 프로그램의 결과를 향상시키고 혹은 서비스의 효율성

을 증진시키는 목적으로 실시되는 평가이다.

ⓑ 총괄평가(summative evaluation)는 어느 프로그램이 시작이
되어야 하나, 지속이 되어야 하나, 혹은 두 개 이상의 대안들 가
운데 어느 것을 택해야 하나 등 총괄적인 의사결정을 할 경우에
실시되는 평가이다.

③ 평가를 시간변수에 따라 프로그램 진행 중에 실시할 때를 '과정평가'라
고 하고, 이를 둘로 나누어 목표－수단 간의 인과관계를 확인, 검증하
는 협의의 과정평가를 의도했던 대로 집행이 되는지를 점검하는 집행
분석 또는 집행과정 평가로 나누기도 한다.

④ 프로그램 평가는 평가 주체에 따라서 내부평가(in-house evaluation)
와 외부전문가 평가(consulant evaluation)로 나누기도 한다.

ⓐ 내부평가는 기관의 행정가, 기획실 등 내부평가자들이 프로그램의
운영상태를 자체 점검해 보다 향상된 수준으로 끌어올리기 위해
실시하는 것으로 주로 형성평가의 성격을 갖는다.

ⓑ 외부평가는 외부전문가를 불러 실시하는 것으로 과연 그 프로그램
이 얼마나 목표를 달성했나, 효율적인가 아닌가 혹은 진행 중이면
계속 진행하는 것이 좋은가, 그만두는 것이 좋은가 등의 여부를
물으므로 주로 총괄평가의 성격을 지닌다.

3) 평가의 기준

(1) 평가는 프로그램 투입·진행·산출의 전 과정에서 이루어질 수 있다.
이 중 프로그램이 직접 투입, 진행되기 시작한 후부터의 과정 및 결과에 대
한 평가만을 가지고 프로그램의 성공여부를 판단하려 할 때 평가의 기준은
매우 중요한 요소가 된다.

(2) 프로그램의 평가모형

구 분	척 도(measure)			
프로그램 수준(program level)	노력	효과성	효율성	질(質)
전체 프로그램(total program)				
프로그램 경영(program management)				
서비스 전달(service delivery)				

자료: Bennett and Weisinger(1977, 368)

(3) 베네트와 와이징거(Bennett & Weisinger)는 〈표 15-1〉에서 보는 것처럼 프로그램의 투입–결과라는 인과성 기준과 그 인과가 발생할 프로그램 구조 및 기능이라는 체계적 기준을 입체적으로 적용하는 평가모형(evaluation model)을 주장하고 있다.

4) 평가의 한계

(1) 일반적인 평가의 어려움

평가의 중요성이 강조되고 있지만 아직도 대부분의 정부 및 민간기관에서는 체계적인 평가가 이루어지지 못하고 있다. 그 이유는 '평가'라는 실천학문의 역사가 짧아 아직도 다양한 상황, 다양한 프로그램을 모두 소화할 만큼 이론적 적립이 되지 못했기 때문이다.

첫째, 목표의 불명확성이다. 즉 목표가 분명치 못하거나 다양한 경우 및 우선순위가 불명확한 경우 그 성취정도를 파악하기 어렵다는 것이다.

둘째, 인과관계를 명확히 파악하기 곤란한 경우가 있다. 체계적인 평가에서는 현실의 변화가 명확하게 계획의 집행으로부터 비롯된 것이라는 사실이 확인되어야 한다. '어떤 행위 A가 시행되었을 때 B라는 상황이 전개되었다' 는 사실만 가지고는 이들 사이에 원인-결과관계가 있다고 말할 수 없는 것이다.

셋째, 영향의 분산을 들 수 있다. 이는 기획(또는 사업)의 집행이 직접 영향을 미치고자 했던 대상뿐만 아니라 다른 집단에도 영향을 미칠 수 있다는 것을 의미한다. 또 어떤 사업의 효과는 성격상 아주 광범하고 오랜 기간에 걸쳐 나타나는 경우도 있다.

넷째, 자료 수집의 곤란 역시 평가를 어렵게 만드는 주요 이유 중 하나이다. 정확하고 적절한 통계자료나 다른 자료의 부족이 평가자들에게는 또 다른 주요한 장해 요인으로 작용하는 것이다.

다섯째, 공무원들의 저항 때문에 평가가 어렵게 될 수도 있다. 사업의 평가는 결국 사업의 공과를 따지는 일이다. 관계기관이나 사업담당 공무원들은 평가가 가져오게 될 파장에 대해서 신경을 곤두세우고 있다. 만약 그 결과가 부정적으로 나오게 될 경우 그 사업이나 그들의 경력 등에 좋지 않은 결과를 가져올 수 있기 때문이다. 그러므로 담당공무원들은 평가연구를 방해하거나 자료를 제대로 제공해 주지 않으며, 심지어 완벽한 자료의 보관을 꺼리게 된다. 또 조직 구성원들은 기본적으로 변화를 싫어하는 데 비해 평가는 변화를 함축하고 있다는 점 역시 평가를 어렵게 하는 점이다.

여섯째, 너무 조급하게 긍정적 결과를 바라는 것 역시 평가를 방해할 수 있다. 공무원들은 대체로 정부사업의 결과가 신속히 나타나기를 바란다. 심지어 그 효과가 오랜 기간에 걸쳐 나타나는 사업계획이나 교육계획에 대해서도 그러한 기대를 갖는다. 이런 경우 단기적인 사업의 평가가 사업에 대한 불리한 평가를 내릴 수 있다. 또 평가작업에 있어서 시간적 차원(time dimension)이 무시되면 중요한 영향을 빠뜨릴 수 있다. 어떤 계획에 대해서 빠른 환류를 추구한다면 평가작업은 난관에 직면할 수 있는 것이다.

일곱째, 사업평가가 일단 완료된 뒤에도 여러 가지 이유로 그 평가가 믿을 만한 것이 못 되고 건전치 못한 것이라는 비난을 받거나 무시당하는 수가 있다. 즉 처음부터 평가설계가 잘못되었거나 자료 사용이 부적절했다거나 조사결과를 믿을 수 없다는 등의 비난을 받을 수 있다. 사업에 관심을 가지고 있는 관련 공무원들이나 수혜자들은 "평가를 해보니 비용이 편익보다 크더라"라는 말에 그 사업을 포기하지는 않는다. 더구나 그 평가 자체가 잘못되었을 가능성도 있다. 물론 평가가 그 사업계획의 향상이나 변화를 가져올 수는 있다.

(2) 계량적 평가의 한계

첫째, 제공된 서비스의 결과 측정척도를 무엇으로 할 것인가가 대개 확실치 않은 것이다. 행정서비스의 효과성을 평가한다 할 때 먼저 그 서비스의 성공을 무엇으로 측정할 것인가의 문제가 제기된다. 즉 서비스를 통해 무엇이 발생하기를 원하는가와 계량적 혹은 질적 척도 중 어느 것을 결과 척도로 정하느냐에 있어 여러 관계집단들의 이해가 반드시 일치할 수는 없을 것이다.

둘째, 정확한 결과 측정을 위해 필요한 시간적 제약이다. 보통 프로그램이 종료된 후 오랜 시간이 지나 나타나는 것이 보통이다. 예를 들어 불우아동 교육에서 그 교육투자의 효과는 단시일 내가 아니라 아동이 성장 발달하면서 나타난다. 그 경우 사후(follow-up) 조사가 필요하게 되는데 보통 이 조사는 비용이 들기 때문에 기관들이 시도하지 않는 것이 보통이다.

셋째, 프로그램의 정확한 효과측정이 어려운 것이다. 즉 어떤 결과가 과연 그 시행된 프로그램 때문에 발생한 것인지 인과관계의 내적 타당도(internal validity)를 확보하기가 쉽지 않은 것이다. 이처럼 프로그램의 모호한 효과 주장을 막기 위해 통제집단을 사용, 타당도를 높일 수도 있지만 사실 그 방법도 시행이 어려울 때가 많다. 즉 평가가 아직도 정착되지 못한 가장 큰 이유는 이처럼 평가조사의 객관적이고 통제된 방법론이 충분히 개발되지 못했기 때문이라 할 수 있다.

2. 평가과정

1) 평가의 기준

　프로그램 평가에 앞서 확인해야 할 주요 내용은 성공에 대한 기준(standard)이다. 즉 무엇을 얼마만큼 달성한 상태를 성공이라 보느냐 하는 기준이다. 이 성과의 기준은 절대적 기준(규범적 기준)과 상대적 기준의 두 가지가 있다(Gates, 1980, 224). 첫째, 기준은 목표 요구와 같이 프로그램을 계획할 때 설정한 각 수준의 목표들이다. 이 경우는 프로그램의 각 달성 수준들을 그 조작적으로 정의된 목표들에 비추어 성공여부를 결정한다.

　그러나 이처럼 모든 프로그램의 목표설정이 사전에 명확히 되어 있기는 쉽지 않다. 그 경우 프로그램의 성공 기준은 전년도 타 기관, 타 프로그램의 일반적인 수준이 혹은 사회규범, 통념을 바탕으로 할 수밖에 없다. 또한 합의되지 않은 기준으로 인해 이해관계자들 간에 갈등이 초래될 수 있다. 따라서 프로그램 담당부서가 사업계획을 세우고 예산을 신청할 때는 가능한 평가해석의 시비를 없애기 위해 '평가의 기준'을 사전에 제시하는 것이 좋다. 사업계획 후 자금신청서(RFP: Request For Proposal)를 작성하면서 가능한 한 조작적으로 정의된 목표들과 성공의 기준가치를 미리 정해 놓는 서비스 책임의 과학적 모형(scientific model of service accountability)이 요구되는 이유가 여기에 있다. 평가는 이상과 같이 계획단계에서 설정한 각 수준의 목표, 혹은 타 기관, 타 프로그램 및 일반적인 사회규범을 기준으로 프로그램 내용을 검토해 그 성공여부를 결정한다.

2) 평가의 단계

일반적으로 평가는 다음과 같은 단계를 거치며 수행된다.
첫 째, 검토대상인 프로그램을 확인
둘 째, 효과성, 효율성 등 평가기준을 무엇으로 할 것인지를 결정
셋 째, 평가방법에 대한 설계
넷 째, 자료의 수집
다섯째, 자료의 분석 및 해석

이 다섯 단계는 평가기준인 프로그램의 효과성, 효율성, 형평성, 서비스의 질 등 어떤 목적의 평가에도 모두 적용되는 과정이지만, 여기에서는 주로 총괄평가의 핵심이라 할 수 있는 효과성 평가에 관하여 설명하기로 한다.

총괄평가는 프로그램이 집행되고 난 후 프로그램이 과연 목적한 효과를 발생했는가를 종합적으로 평가하는 방법이다. 이 중 프로그램의 효과를 개개의 변화 정도에 맞출 경우 이를 효과성 평가라고 하고, 전체의 해당 사회문제 해결정도에 맞출 경우는 영향평가라 한다.

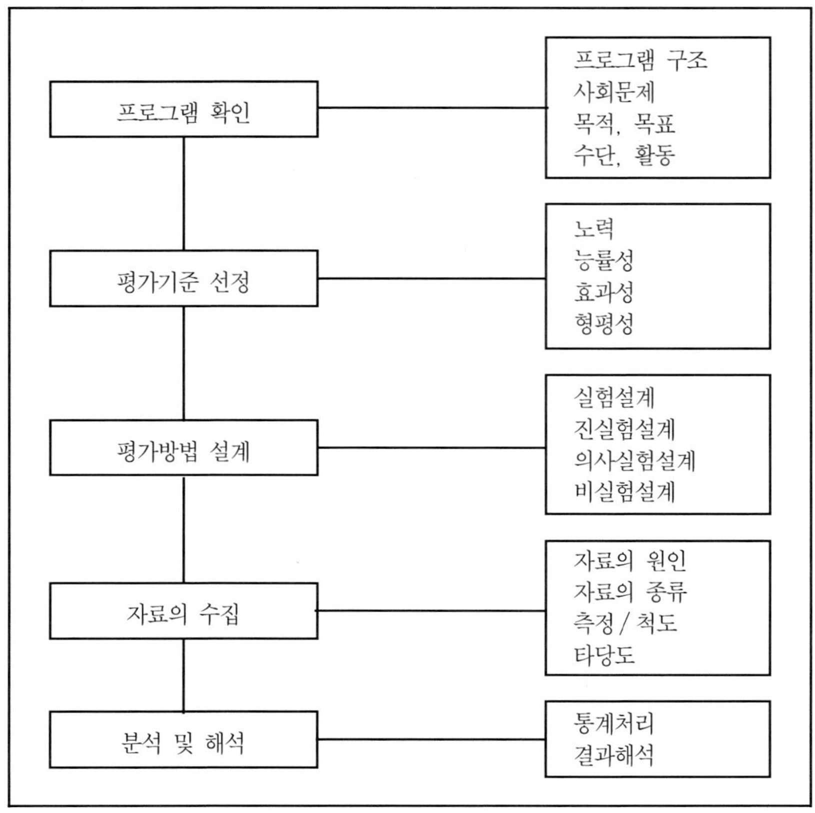

(1) 프로그램의 확인

프로그램 평가를 위해서는 먼지 그 평가의 대상이 되는 프로그램이 어떤 구조를 가지고 있는가를 확인하는 것이 필요하다. 프로그램의 평가는 가장 하위수준의 단위 프로그램의 목표달성, 전체 목표달성을 묻는 식으로 올라 간다. 이를 평가구조(evaluation structure)라 부를 수 있을 것이다. 프로그램의 확인은 이 평가구조를 설정하는 작업으로 학술적으로 평가성 사정 (evaluability assessment)이라고 한다(Wholey, 1997, 42).

(2) 평가기준의 선정

평가대상인 프로그램의 성격이 확인되고 평가성 검토를 통해 평가구조가 수립되었다면, 다음으로 해야 할 작업은 프로그램의 어느 측면을 평가할 것인가이다. 그 판단의 '잣대', 즉 기준을 정하는 것이다. 다시 말해 프로그램의 목표달성을 기준으로 해 효과성을 평가할 것인가 또는 비용-노력의 비율을 기준으로 해 효율성을 평가할 것인가 등 판단의 기준을 선정하는 것이다. 이러한 평가기준에 대해서 그 평가방법론과 관련시켜 살펴보기로 한다.

① 능률성 평가

능률성 평가는 쉽게 말해 투입 노력을 전개하는 데(단위당) 얼마의 비용이 들었는가를 계산해 프로그램의 능률성을 측정하는 것이다. 따라서 이 능률성은 투입(비용) / 산출(노력) 비율로 표현된다. 한편 많은 학자들은 이 능률성 평가를 비용 / 노력 외에 비용 / 성취 비율까지 포함하는 것으로 규정하고 있다. 그러나 비용 / 노력 평가가 노력이라는 양적 개념을 위주로 하는 데 비해 기획에서는 비용 / 성취 분석은 성취를 국민의 심리적 '변화'로 표현, 질적 척도를 쓰는 경우가 많아 이를 비용 / 효과성(cost / effectiveness) 분석으로 별도로 취급하는 것이 좋다. 여기서는 비용-효과성 평가방법이 비용-노력의 능률성 평가와 논리와 방법론에서 같게 한다.

② 효과성 평가

프로그램 평가와 핵심 작업인 효과성(effectiveness) 평가는 어느 프로그램을 통해 달성하고자 하는 고객들의 '변화' 효과 혹은 성과가 일어났는가를 측정, 평가하는 것이다. 이 평가는 노력평가에서 측정한 그 서비스 노력으로 어떤 결과가 발생했느냐를 점검한다. 효과성 평가에서 관심을 갖는 변화 결과는 국민 개개인에 대한 것이다.

③ 영향평가

효과성 평가가 개개인에 미친 프로그램의 효과에 관심을 갖는 데 반해 영향평가는 프로그램이 해당 지역사회의 사회문제 지표들에 얼마만 한 영향을 주었는가를 측정하는 데 관심을 둔다. 프로그램의 영향을 분석하면서 대부분 이 같은 질문에 답하기는 쉽지 않다. 왜냐하면 그 사회문제 지표의 변화는 여러 변수들에 의해 영향을 받기 때문에 한 프로그램의 영향, 혹은 한 영향 효과만을 구별해 내기가 쉽지 않기 때문이다. 이 영향 효과를 측정하는 한 방법이 전체 욕구 중 얼마만 한 비율의 욕구가 프로그램을 통해 해결이 되었는가를 측정하는 것이다.

④ 과정평가

과정(process)평가는 프로그램 목표달성의 인과관계, 즉 어느 프로그램이 실패 혹은 성공했으며 그 이유가 무엇인가를 찾아내기 위해 실시하는 평가이다. 이 과정평가는 또 문제의 프로그램이 다른 곳에도 적용할 수 있는가, 보다 효과적인 방법으로 재생될 수 있는가 하는 판단을 갖기 위해서도 실시한다.

⑤ 형평성 평가

평가기준 중 형평성(equity) 기준은 프로그램의 혜택이나 서비스가 대상집단 내에 공정하게 잘 배분이 되었는가를 살펴보는 기준이다. 이 형평성 기준은 작은 지역사회 차원의 프로그램보다 더 많이 적용이 된다. 왜냐하면 각 도 단위의 거시적 프로그램에 보다 더 많이 적용이 된다.

3. 평가 자료의 수집

1) 관찰법(observational method)

관찰법이란 연구대상을 조작하거나 통제하지 않고 일정한 시간에 걸쳐서 연구대상의 형태를 지켜보고 들으며 관찰한 결과를 기록하는 방법이다. 관찰방법의 유형으로는 첫째, 참여관찰과 비참여관찰이 있다. 관찰자가 자신의 신분을 밝히지 않은 채 자연스럽게 관찰대상에 참여하는 경우를 참여관찰이라고 한다. 비참여관찰은 관찰대상과 일정한 거리를 유지한다. 둘째, 구조화(structured) 관찰과 비구조화 관찰이 있다. 구조화 관찰은 무엇을 관찰하고 기록할 것인가를 사전에 정하고, 체크리스트와 같은 도구를 사용하여 관찰결과를 기록하고 자료의 계량적 분석에 대비하는 방법으로서 체계적 관찰이라고도 한다. 이외에도 직접관찰과 간접관찰, 통제관찰과 자연적 관찰로 나누기도 한다.

이러한 관찰방법의 장점으로는 ① 현장에서 즉시 포착이 용이하다는 점. ② 응답으로 인한 오차를 감소할 수 있다는 점. ③ 언어사용이 불가능할 경우 사용할 수 있다는 점. ④ 연구대상의 무의식적인 행동 등의 연구가 용이하다는 점을 들 수 있다. 그러나 단점으로 ① 관찰이 불가능한 행동이 존재한다는 점 ② 호오손(Hawthorne) 효과. ③ 조사대상의 행동양식의 변화 ④ 선택적 관찰 ⑤ 인간능력의 한계로 관찰대상 전부를 관찰함이 불가능하다는 점 등이 지적되고 있다.

2) 면접법

면접법이란 연구자와 응답자 간의 언어적·대면적(face to face) 상호 작용을 통하여 필요한 자료를 수집하는 방법이다. 면접방법의 유형으로는 구조화 면접, 비구조화 면접 및 반구조화 면접이 있다. 구조화 면접은 면접 자가 표준화된 면접조사표를 가지고 면접의 상황에 구애되지 않고 모든 응 답자에게 동일한 방법으로 면접을 수행하는 방법으로 신뢰도가 높다. 반면, 비구조화 면접은 면접상황에 따라 비교적 자유스럽게 면접자와 응답자 상호 작용에 따라서 자료를 수집하는 방법이다. 또 반구조화 면접은 일정 수의 중요한 질문만을 표준화하는 방법, 즉 주제와 내용을 표준화하되 질문순서 나 질문방법 등은 면접자가 어느 정도 재량을 가지고 상황에 따라서 변경시 킬 수 있는 방법이다.

3) 질문지법

질문지(설문지 questionnaire)란 연구자가 조사하고자 하는 조사항목을 체계적으로 배열하여 인쇄한 문서이다.

① 연구문제 연구목적과 자료수집방법과의 관계를 재점검
② 연구문제 및 목적에 비추어 질문의 내용을 결정
③ 질문의 내용별로 질문의 형태와 질문방법 결정
④ 질문의 어구구성과 질문순서 결정
⑤ 질문을 배열하여 질문서를 작성
⑥ 사전검사를 거쳐서 질문서를 수정
⑦ 질문들을 확정하여 질문서 인쇄

4) 사례연구법

사례연구(case study)는 하나의 개별적 또는 집단적인 사례의 실태를 집중적으로 연구하는 것이며, 비교 또는 통제집단이 없고 모집단이 직접적인 연구의 대상이 되는 연구라 정의할 수 있는데 그 특징은 다음과 같다.

첫　째, 사례연구는 분석이 되는 사례의 수는 소수로 제한된다.

둘　째, 사례연구는 분석대상이 되는 사례에 대한 심층적, 다차원적, 집중적, 연구전략을 추구한다.

셋　째, 사례연구는 주로 질적 방법을 채택한다.

넷　째, 새로운 아이디어의 발전을 위한 예비조사 같은 성격을 지닌다.

다섯째, 시간의 흐름에 따라 일정기간 동안 조사하는 종단적 방법이다.

X. 지속가능 기획

지속가능 기획에 대한 프레젠테이션을 살펴보면 다음과 같다.

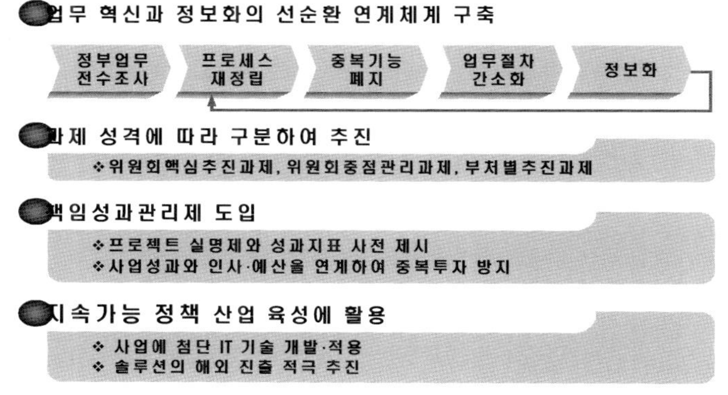

추진전략

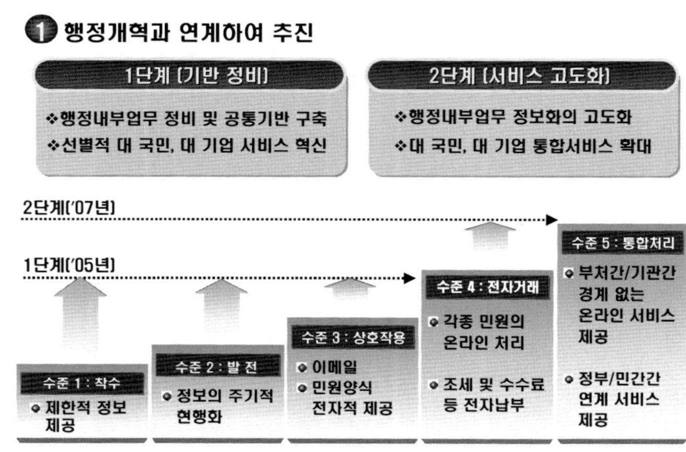

기획에 대한 것을 하나의 정부형태에서 보면 다음 그림과 같다.

추 진 체 계 [이것이 기획이다]

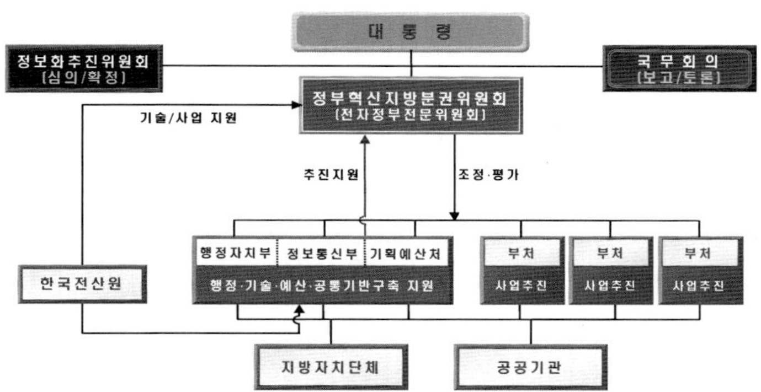

정부의 정책도 기획에 의하여 이루어지는데 이것의 지속성이 국가 발전에 까지 영향을 미친다. 한국의 입시정책이 문제가 많다는 것은 누구나 알고 있다. 왜 그럴까? 그것은 지속성이 결여되었기 때문이다. 장관이 바뀔 때마다 자기가 있는 동안에 무엇인가 이루어 놓으려는 성과주의 강박관념에 의하여 여러 번 바뀌고 그 가운데서 입시제도는 갈팡질팡하게 되었다. 앞으로는 지속성이 얼마나 있느냐에 따라서 효과적인 정책이 되느냐 아니냐가 판가름 날 것이다.

정책행정 기획은 미래예측적이다.

미래예측

불확실성

2. 불확실성의 발생원인
   1) 본질에 따른 원인
   2) 분석적 측면에 따른 원인

3. 불확실성의 감소방안
   1) 통제가능변수의 확대
   2) 변수에 관한 지식과 정보의 수집
   3) 표준화(SOP) 및 여별적 장치의 활용
   4) 불확실성의 흡수
   5) 문제의식적 탐색 및 탐지
   6) 환경에 대한 제어 및 조직적 대응

관련성 기획 차원	대상과 관심문제	환경과의 관련성	적합한 기획의 유형	목표의 차원
정책적 차원	규범의 모색 'ought to'의 문제	정책형성기능, 가치체계의 변동	규범적 정책기획	당위·규범적 목표, 추상적 목표
전략적 차원	전략의 수립, 'what can'의 문제	목표설정기능, 실현가능성의 탐색	전략적 기획	실천적 목표, 구체적 목표
관리적 차원	전술의 수립, 'will, how'의 문제	관리기능	운영기획	세부적 운영목표, 행동스케줄

때로는 멀티 계획을 세워야 한다.

정책기획에 있어 아이디어가 떠오르지 않는다면 강제 연상법까지 동원하여야 할 것이다.

아래 그림은 다양한 아이디어 발상법들이다.

유비법

- 테마의 본질을 힌트로 하여 계속적으로 아이디어를 도출해 가는 방법

- **자유 연상법**
  - 힌트를 주지 않고 자유롭게 발상한다.
  - 한 사람이 제시한 아이디어에 다른 사람이 연관되어 떠오르면 생각을 계속 축적해 간다.
  - 풍부한 아이디어 수집이 가능하다.

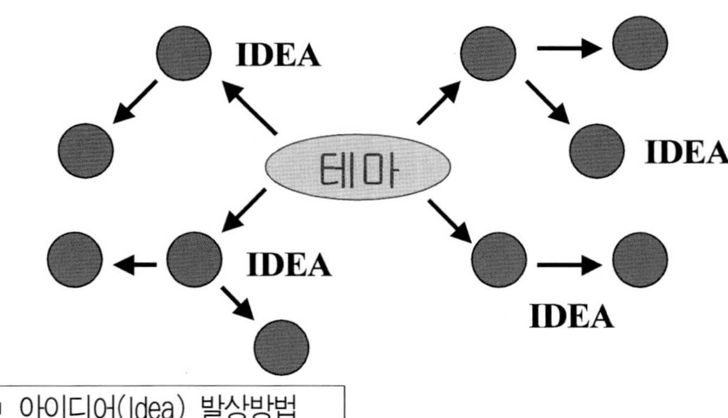

■ 아이디어(Idea) 발상방법

- **강제 연상법**
  - 어떤 힌트를 제시하고 그에 적당한 아이디어를 내놓게 한다.
  - 리더가 '모양을 바꾸면', '재질을 바꾸면' 등의 여러 힌트를 제시

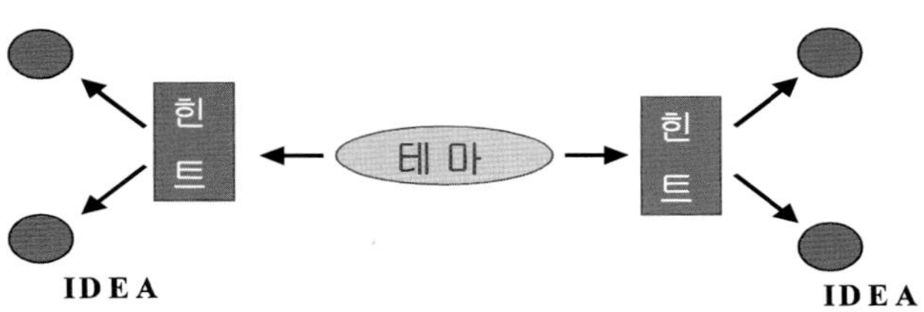

- 기업 홈페이지로 홍보와 전자상거래를 가능하게 한다는 본질을 가지고 있을 때 여기서 도출되는 아이디어는 홍보와 상거래가 효과적으로 이루어질 수 있는 부분일 것이다.

■ 아이디어(Idea) 발상방법

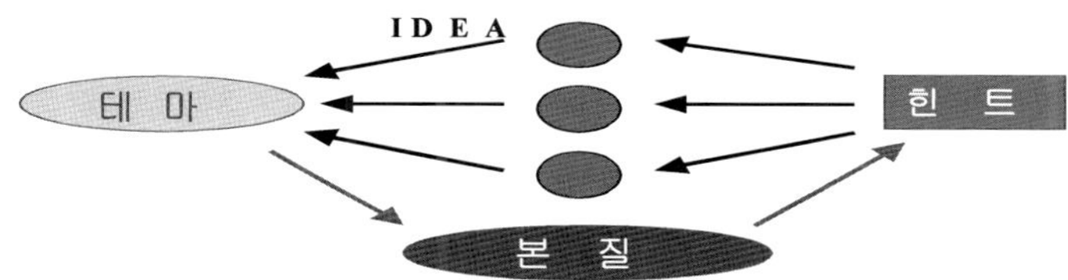

■ 아이디어 개발을 위한 발상기법
　1. 브레인스토밍 기법(Brain Storming Method)
　　집단의 힘을 이용, 비판을 하지 않고 자유롭게 아이디어 발상
　　- 제출되는 아이디어는 질보다 양에 치중한다.
　　- 제시되는 아이디어는 참가자들에 의해 결합, 개선되는 효과
　2. 브레인라이팅 기법(Brain Writimg Method)
　　참가자가 각자　3개의 아이디어를 5분마다 차례차례 발상한다.
　　하나의 카드에 참가자가 3가지의 아이디어를 적을 수 있게 시트를 만들어 5분마다 다른 참가자에게 넘기면서 각자 아이디어를 작성
　　최종적으로 좋은 아이디어를 몇 개 선정하여 전체가 평가한다.
　　- 평등하게 발상할 수 있고, 타 아이디어로 자극을 받을 수 있다.
　　- 집단 귀속심을 강하게 하는 효과도 있다.

■ 아이디어 개발을 위한 발상기법
　3. 케이제이법(K. J Method)
　　자료와 정보가 각각의 의미를 가진다고 가정하고, 이들의 토의 내용을 모아 상호 관련, 친근감이 있는 사항을 소, 중, 대그룹으로 분류하여 정리함으로 아이디어를 검증, 분석하고 더욱 발전시킨다.
　4. 체크리스트법(Check-List Method)
　　계획하려는 모든 항목을 정리한 것이 체크리스트 방법인데,
　　계획의 성격과 범위에 따라 그때마다 적절하게 만들어야 한다.
　　- 일반적으로 실패를 야기하지 않으려 하는 소극적인 방법이나 문제를 해결하기 위한 새로운 시점을 찾는 적극적인 면도 있다.

- ■ 아이디어를 시각화할 때 고려할 사항
  1. 주의를 끌 수 있어야 한다.
  2. 알기 쉽고 아름다워야 한다.
     - 정보는 짧은 시간에 알기 쉽고 정확하게 전달되도록 한다.
  3. 인간적인 공감을 불러일으킬 수 있어야 한다.
     - 자기독단이나 개성을 지나치게 강조해 거리감을 주면 안 된다.
     - 일반인들이 보편적으로 인정할 수 있는 표현을 써야 한다.
  4. 흥미를 유발시킬 수 있어야 한다.
     - 전체적으로 잘 조화가 됐을 때 그 흥미는 배가 된다.
  5. 독특하고 개성적이어야 한다.
     - 자신만의 고유한 성격과 독특한 표현방식은 신선한 자극과 친밀감으로 다가올 수 있다.

XI. 정책과 기획의 상호 연관성

기획론과 정책은 상호 연관성이 있다. 정책의 이론들을 간단히 말하여 보면 다음과 같다.

1) 정책분석

규범적·처방적 연구가 가장 먼저 시작된 것은 정책결정을 위한 미시적 의사결정 분야이다. 의사결정을 합리적으로 하기 위하여 어떻게 해야 하는가에 도움을 주기 위하여 처방적 논리나 기법으로 OR, 체제분석, 비용-효과분석 등이 2차 세계대전 후에 개발되어 왔다.

2) 정책평가

바람직한 정책집행을 위해서 정책과정을 점검하고 잘못된 부분을 시정하기 위한 논리나 작성이 형성평가, 과정평가라는 이론으로 정책평가의 일부분으로 1970년대 중반부터 본격적으로 연구되기 시작하였다.

3) 정책결정론

정책의제설정이론, 정책결정론, 정책집행론 중에서 정책학자들이 가장 많은 관심을 보인 부분이 정책결정론이며 1980년대 후반부터 현재까지도 가장 많은 연구가 이루어진 부분이다. 정책결정론은 행정학자들을 중심으로 하여 연구된 의사결정론, 정치학자들을 중심으로 하여 연구된 정책결정과정에 대한 정치제도론 및 이익집단론, 재정학자 정책학자들에 의해 연구된 정책결정요인론 등 다양한 연구결과를 포함하고 있다.

4) 정책의제설정론

정책의제설정이론은 사회문제 중에서 왜 어떤 문제는 정책문제로 채택되고 다른 것은 거론조차 못 되고 방치되는가에 대한 경험적 연구로 정책학과 별개로 1960년대 초부터 진행되었다.

5) 정책집행론

행정은 정책집행을 의미하므로 행정학은 정책집행론으로 생각할 수 있다. 행정학은 행정조직의 구성이나 운영에 초점이 있고 개별적인 정책의 집행과정에는 관심이 적은 데 비하여 정책학에서 논의되고 있는 정책집행론은 정책에 초점을 두고 이것이 집행되는 과정에서 일어나는 여러 가지 현상에 관심을 가진다.

우리나라 정책과정 및 정책결정과정상의 특징을 기획과 연계하여 살펴볼 수 있다.
첫　째, 공식적 참여자와 비공식적 참여자 간의 정책결정과정에서의 역할을 보면 비공식적 참여자의 역할이 적다. 특히 권위주의 체제에서는 그러하였다. 그러나 90년대 초반부터는 비공식적 참여자의 영향력도 증가하였다.
둘　째, 80년대 후반까지는 국회의 힘이 약했고 행정부의 힘이 강하였으나 이후 의회의 힘이 강화되었고 행정부에서도 분권화가 서서히 진행되었다.
셋　째, 정책과정 전반에 걸쳐 이루어지는 의사결정이나 정책결정과정이 비공개적이고 결정사항을 비밀로 처리하는 경향이 강하다.
넷　째, 공식적으로가 아니라 비공식적으로 정책이 결정되는 경우가 많다. 행정부 내부에서는 문서를 작성하여 공식적 결재를 하기 전에 미리 중요한 것은 결정짓고 형식적으로 결재과정을 밟게 된다.
다섯째, 정책결정에 있어 기획은 하나의 의제설정에서부터 실행까지 중요하게 작용한다. 미래 계획적인 기획이 되어야만 국가 발전을 이룰 수 있다.

정책과정: 정책학과 기획

정책과 기획은 상호 작용적이다. 어느 한 편만을 옳다고 할 수 없다. 다만 기획이 잘된 정책결정은 그 실행에 있어서도 바람직한 방향으로 나아갈 수 있다는 것을 예측할 수 있다.

행정정책 과 기획의 방향

지속가능한 참여형 기획

지속가능한 기획 모델 정립

1. 국민이 피부로 느끼는 기획으로 변화	2. 네트워크적인 기획
3. 상생(相生) 프로젝트	4. 미례예측 뿐만 아니라 현재도 생각하는 기획
5. 상호작용을 위한 기획협력 증진	6. 효율적인 기획으로 변화

XII. 기획에 있어서 정책결정 관계

기획에 있어서 정책결정 이해도

기획에 있어서 조직관리와 함께 누구에 의하여 주장되어지고, 어떠한 과정을 거치며, 문제해결은 어떠하여야 하는가 등을 이해하여야 한다.

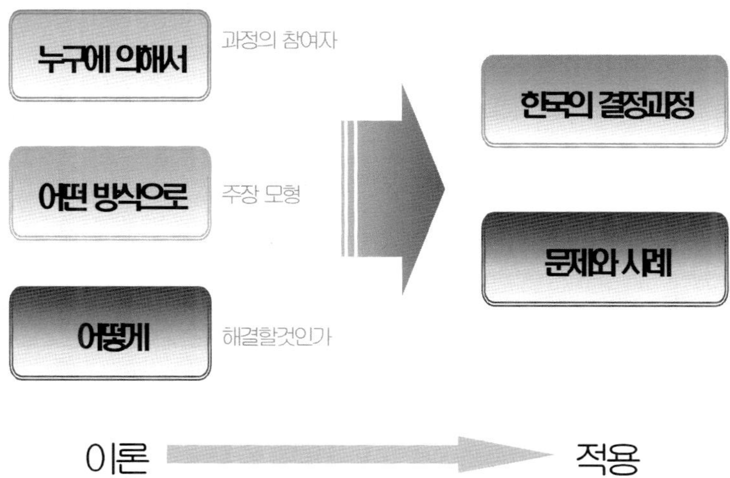

정책결정과정의 참여자

1. 의 회

▷ 의회는 국민의 대표기관으로 중요한 정책을 최종적으로 결정할 권한을 지닌다.
▷ 입법권을 통해 의회는 강력한 정책결정권을 행사
▷ 정책결정권이 실질적으로 제약을 받는 경우에는 예산심의를 무기로 하여 대통령이나 정부에게 비공식적인 압력을 가하는 비입법적 방법을 사용
▷ 특히 의회위원회는 '철의 삼각'의 하나로 정책에 강력한 영향을 미침

XIII. 모형별로 본 정책결정

다음은 기획과 정책결정모형들 간의 관계를 그림화하여 살펴본 것이다.
각 주장하는 정책결정모형은 기획에 상당히 영향을 주고받는다.

권력모형과 – 기획엘리트론

고전적 엘리트론	Mosca, Pareto, Michels ※ 엘리트에 의한 과두제가 인간사회에서 피할 수 없는 철칙이다.

- 엘리트는 '창조적인 능력을 가진 소수' 또는 '책임과 사명, 그리고 능력의 세 가지 요소를 갖추고 있는 지도적 인사'를 의미
- 이들 소수의 엘리트가 한 사회를 지배하고 다수 대중들은 이들 엘리트의 의사에 따르게 된다.

▷ 엘리트들은 자율적이며 다른 계층에 대해 책임을 지지 않는다.
▷ 중요한 정치적 문제는 대중들의 이익이나 사회전체의 이익과는 상관없이 자신들의 이해관계를 고려하여 해결

기획과 의사결정모형 – 합리모형

합리모형

※ 정책결정자가 이성과 고도의 합리성에 따라 행동하고 결정한다고 보며 가장 최적이고 합리적인 대안을 선택할 수 있다는 이론

기득권(현실, 매몰비용) 불인정 목표 수단 분석의 실시(수단의 목표지향성)	목표와 수단의 연쇄 불인정 전체적 최적화
포괄적 결정	근본적 결정
개방 체제적 접근	참여 불인정
하향적 결정	단발적 결정
쇄신적이고 근본적 변화	연역적 접근
개도국에 적용	경제적 합리성(목표달성의 극대화)

기획과 의사결정모형 – 회사모형

회사모형	Cyert & March

▶ J. March & Simon의 만족모형을 한층 발전시켜, 개인 → 조직 적용

1) 제한된 합리성과 갈등의 불완전한 해결
   국지적 최적화와 전체적 최적화는 다르다.
2) 불확실성의 회피
   환경의 불확실성을 제거하기 위해 환경 자체를 통제(카르텔 형성)
3) 문제 중심적 탐색
   문제에 의해 탐색이 시작되고 문제의 해결책을 찾는 데 그친다.
4) 학습된 행동 규칙과 표준 운용절차의 발전(SOP)
   조직이 장기적인 적응과정에서 학습한 결과이자 구성원 통제의 수단이며
   단기적인 의사결정을 좌우한다.

기획과 의사결정모형 – 엘리슨 모형

엘리슨 모형	※ 집단의 특성에 따라 적용될 의사결정모형이 달라져야 한다는 시각에서 출발

	합리모형	조직모형	관료정치모형
조직관	조정과 통제가 잘된 유기적 조직	느슨하게 연결된 하위체제	독립적인 개개인의 행위자들의 집합체
권력관	최고 집권자의 권력보유	반독립적인 하부들이 분산소유	개개적 행위자들의 정치적 자원에 의존
행위자의 목표	조직전체 목표	전체목표＋하부조직 목표	전체목표＋하위목표＋개인목표
목표의 공유 및 응집성	매우 강하다	약하다	매우 약하다
정책결정 원리	최고 지도자가 명령, 지시	SOP에 대한 추줄	정치적 게임과 타협
정책의 일관성	매우 강하다	약하다	매우 약하다
적용체제	전체계층에 적용가능	하위계층	상위계층

기획과 의사결정모형 – 싸이버네틱스 모형

<table>
<tr><td>싸이버네틱스 모형</td><td>※ 합리모형과 극단적인 대립
※ 적응적, 관습적 의사결정모형</td></tr>
</table>

1) 적응적 의사결정
   불확실한 환경 속에서 정보를 지속적으로 제어하는 결정 시스템
   예) 실내 온도 조정 장치
2) 불확실성의 통제
   정해진 대로만 동작(불확실성이 존재하지 않음)
3) 집단적인 의사결정
   규칙에 의한 행동(문제해결, 설득, 흥정, 정치의 과정이 없음)
4) 도구적 학습
   경험을 통한 학습, 결과가 좋으면 계속해서 그 대안 선택

한국의 정책결정과정

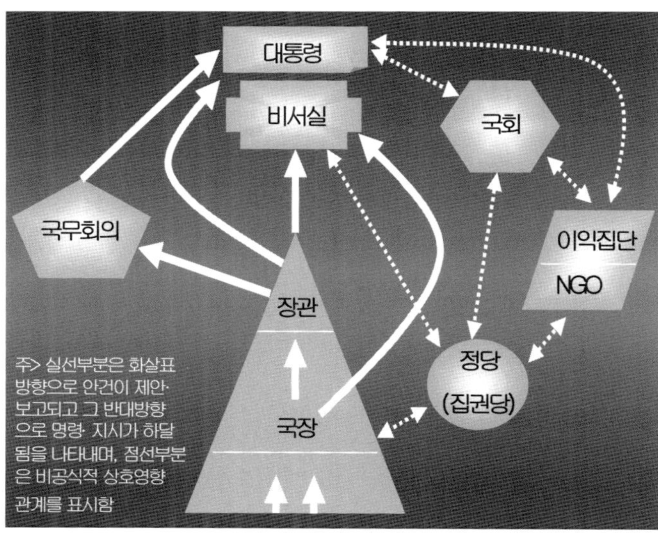

이번에는 국가 정책기획이 아닌 회사 및 개인 기획서 작성을 간단히 알아보겠다.

XIV. 기획서 만들기

사실 기획서라는 것이 상황에 따라서 달라지는 것이라 딱히 이것이 '정답'이라고 말하긴 어렵지만 내 나름대로 정리한 '기획서 작성'에 대한 방법을 적어본다.

1. 파워포인트에 익숙해지기

기획서라고 하면 대부분 파워포인트로 작성된다고 생각하기 마련인데 사실 꼭 파워포인트로 해야 한다는 법은 없다. 가장 중요한 것은 메시지니까. 그럼에도 파워포인트가 널리 사용되는 이유는 '설득'을 위한 프레젠테이션에 용이하기 때문이다.

기획서의 목적은 설득이다. 설득을 당하는 사람은 항상 설득당할 준비를 하고 있는 것은 아니다. 긴 문장을 읽고 이해하는 방식은 충분한 설득을 끌어내기 힘들다. 정보와 개념의 도식화, 도표와 이미지의 적절한 사용들을 동원하고 때로는 음향까지 활용하여 메시지를 전달해야 한다. 이런 점에서 파워포인트가 적합한 툴로 이용되고 있다. 파워포인트 기획서 작성 시에 주의할 점은 한 페이지에 하나의 메시지만 담아야 한다는 것이다. 또한 지나친 애니메이션과 특수효과는 보는 이를 짜증나게 만든다는 것도 알아두자.

2. 기획에 있어서 성공의 반은 목차에서부터

기획서를 처음 쓰게 될 때 당황스러운 것은 과연 무엇부터 손을 대야 하는 것이다. 처음부터 차근차근 써나가야 할지, 아님 생각나는 부분부터 손을 대고 나중에 좀더 발전시키는 것이 좋을지에 대해 고민하게 된다. 기획서를 써 본 사람들의 대부분은 아마 이 부분을 고민하다가 많은 시간을 낭비한 적이 있을 것이다.

그래서 중요한 것이 기획서의 목차를 정하는 것이다. 자신이 이야기하려는 메시지를 설정하고 그 메시지를 전달하기 위한 이야기 방식을 잡는 것이 바로 목차잡기다. 목차만으로 어느 정도 이야기가 구성되었다고 생각한다면 이미 작업의 반은 완성된 것이다. 이제 채워 넣는 일만 남았다.

일반적으로 목차를 잡을 때 들어가야 하는 요소는 기획배경 – 상황분석 – 목표설정 – 실행방안 등 이 네 가지이다. 아마 어떠한 베테랑 기획자가 기획서를 쓰더라도 위의 네 가지 틀에서 크게 벗어나지는 않을 것이다.

그러나 특히 명심해야 할 것은 기획서 구성요소 간의 논리적 타당성이다. 평범하고 당연한 진리라고 해도 자신의 이해도와 표현력에 따라 천차만별로 달라지는 것이 바로 기획서다. 기획서는 구성요소에 대한 완전한 이해와 구성요소 간의 완벽한 논리적 결합이 선행되어야만 가장 강력해질 수 있다.

어떤 기획을 하던 기획서의 최종목표는 업무 매뉴얼이 아닌 설득이라는 사실을 잊지 말아야 한다.

3. 목차의 구성

상황분석은 상황진술이 아니다! 초보 기획서에서 자주 볼 수 있는 오류 중에 하나가 '상황분석'을 '상황진술'로 혼동하여 기술한다는 것이다. 흩어진 엄청난 양의 정보를 대책 없이 늘어놓는 것이 상황진술이라면 우리 앞에 놓인 현실을 바라보고 앞으로 어떻게 해야 할지를 도출하는 것이 상황분석이다. 그러나 추보 기획서들에는 종종 상황분석을 상황진술로 늘어놓아 보는 이들을 혼돈에 빠뜨린다.

예) 상황진술 A: 우리가 만들어야 할 것은 잘 모르지만 내 앞의 재료를 분석하자면 떡이 있고 좀 상한 듯한 쫄면이 있고 고추장 조금에 설탕이 있습니다.

- 상황분석 B: 여러 가지 상황을 고려해 보건대 우리는 떡볶이를 만들어야 합니다. 이에 내 앞의 재료를 분석하자면 떡이 충분히 있으며 상한 쫄면은 버리고 신선한 쫄면을 사와야 하고 고추장과 설탕은 충분한 것으로 파악되고 있습니다.

좀더 쉬운 이해를 위해 하나의 예를 들어보겠다. 같은 내용이지만 A는 상황진술을 B는 상황분석을 나타낸 것이다.

상황분석이란 다루어야 할 문제가 무엇인지에 대한 확실한 정의 후에 비로소 문제해결을 위한 어떤 기회를 찾을 것인지에 대해 접근하는 논리적인 방법이다. 수립해야 할 목표가 어떠한 것인지 잘 알지 못하는 경우에는 상황분석 대신 단지 사실을 체계적으로 정리해 둔 장황한 상황진술이 되어버릴 뿐이다. 고객 / 기업의 마케팅 상황분석을 하다가 갑자기 웹사이트 내비게이션 분석이 튀어나오고 이것저것 섞이다가 갑자기 웹사이트 목표가 튀어나오는 기획서는 아무도 설득시킬 수 없다.

4. 목표설정의 3단계

웹사이트 기획이란 기업의 전략적 비즈니스 플랜을 달성하기 위한 하부전략을 담당한다. 다시 말해 기업의 전반적인 비즈니스 목표를 달성하기 위한 여러 가지 방법론 중의 하나로 정의할 수 있다.

이렇게 생각하면 웹사이트 목표수립의 과정은 다음과 같은 계층구조를 가질 수 있다. 〔마케팅 / 비즈니스 전략 〉 마케팅 / 비즈니스 목표 〉 웹사이트 목표수립〕

결국 고객 혹은 기업의 마케팅 / 비즈니스 전략을 이해하고 해당 목표를 달성하기 위한 그 수행방안을 기획하는 것이 바로 웹사이트의 목표수립 과정이라고 할 수 있다. 마케팅 / 비즈니스 전략 : 시장의 경쟁이 과열되고 있다. 우리의 고객을 지키자.

- 마케팅 / 비즈니스 목표 : 브랜드 선호도 증진
- 웹사이트 목표 : 선호도를 증진시키기 위해 웹은 어떤 방안이 수립되어야 하는가? 그런데 여기에서 중요한 것은 목표를 설정함에 있어 실행목표와 측정목표의 두 가지 면을 고려할 수 있어야 한다. 실행목표가 어떤 웹사이트를 구축해야겠다는 진술문의 성격을 가진다면 측정목

표는 실행목표를 측정하기 위한 정량적 목표치이다.

예를 들어 어떤 브랜드의 선호도 증진을 위한 프로젝트라면,

- 마케팅 / 비즈니스 목표 : 브랜드 선호도 증진
- 웹사이트 전략 모델 : 사이트의 태도를 브랜드 태도로 전이
- 실행목표 : 여러 가지 다양한 아이템으로 사용자에게 즐거운 경험 전달
- 측정목표 : 이에 따라 사용자의 사이트 체류시간을 5분 이상 지속될 수 있도록 한다. 그럼에도 불구하고 성공한 기획서란 기획서의 모든 요소는 서로 논리적으로 연결되어야 한다는 것이다.

기획배경의 이해를 통해 우리가 어떤 문제를 다루어야 할지에 대해, 상황분석은 당면문제에 대한 우리의 현실과 앞으로 나아갈 방향과 기회를 제시하고, 목표는 우리가 반드시 성취해야 할 사실을 그리고 실행방안은 목표를 어떻게 이루어야 할 것인가에 대한 해답을 알려준다.

가장 훌륭한 기획서는 승리하는 기획서라고 생각한다. 보다 논리적으로 뛰어난, 그리고 더 빛나는 아이디어가 숨어 있는 기획서도 많을 것이다. 그러나 실제로 현실로 이루어진 기획서는 설득시킨, 아니 승리한 기획서일 것이다. 승리하기 위한 기획서가 되기 위해서는 완전한 논리적 연결과 함께 문제에 대한 기획자의 치열한 고민이 숨어 있을 것이다. 우리의 기획서가 거부할 수 없을 정도로 생생하고 압도적이며 기타 일체의 다른 제안을 거부할 수 있는 힘을 가질 수 있도록 만들어야 한다.

(출처 : '기획서 작성 요령' – 네이버 지식iN)

그러면 행정기획이란 한마디로 국가통치 작용의 하나인 것이다.

행정이란 다의적(多義的) 개념이므로 보편적·일률적인 정의가 어려우나 역사적 추이에서 볼 때 행정개념은 크게 행정법학적 개념, 행정학적 개념, 적용범위에 따른 개념 등으로 나누어 정의할 수 있다.

근대입헌주의 시대의 J. 로크·C. L. 몽테스키외의 권력분립이론에 바탕

을 두고 법학적·당위적 측면에서 행정개념을 파악하는 것이다. 행정국가의 등장에 따른 행정기능의 변동으로 다음과 같은 개념의 재구성이 이루어졌다. ① 삼권분립적 공제설(소극설): W. 옐리네크 등이 주장한 것으로 〈입법도 사법(司法)도 아닌 일체의 국가작용〉을 행정이라 한다. ② 국가목적실현설(적극설): O. 마이어 등이 주장한 것으로 행정이란 〈법질서 아래에서 국가목적(공익)을 적극적으로 실현하는 작용이나 국민의 이익을 도모하는 작용〉이라고 한다. ③ 법함수설(부정설): 순수법학자 H. 켈젠 등이 주장한 것으로 입법·사법·행정의 실질적 구별을 부인하고 행정이란 〈일반적 법규범을 구체화·개별화하는 행정기관의 권한에 속하는 일체의 법적 작용〉이라고 본다.

오늘날 행정이란 여러 부문을 종합한 입장으로 파악하게 되었으며 그 적용범위에 따라 다음과 같이 나눌 수 있다. ① 일반행정 개념(넓은 뜻의 행정): 행정의 보편성에 착안하여 공(公)·사(私)행정일원론 아래 행정의 목적과 가치를 배제하고 관리적·기술적 측면에 충실하려는 행정개념이다. 행정관리설·기술적 행정학·행정행태설 등이 이 입장을 취하고 있다. ② 특수행정 개념(좁은 뜻의 행정): 행정의 특수성에 착안하여 행정이란 〈특수목적인 공익을 추구하는 여러 활동〉이라고 정의한다. 행정에 목적과 가치를 부여하여 사행정과는 다른 공행정 개념을 통하여 행정을 파악하는 입장이며 공·사행정이원론을 취하는 기능적 행정학·발전행정 아래에서 강조되었다.

오늘날처럼 행정을 여러 부문의 종합으로 파악하는 입장에서 보면 행정이란 〈정치권력(公權力)을 배경으로 공공정책을 형성하고 이를 합리적으로 집행하며 구체화하는 과정〉이라고 정의할 수 있다. 현대행정은 공공성·공익성·정치성·관리기술성·환경변동대응성 및 안정성 등의 요인들이 복합적·종합적으로 관련되어 전개되는 특성을 지닌다.

기획행정이란 업무의 원활을 기하고 행정의 능률성을 향상시키기 위한 사전 계획된 업무처리를 말하는 것이라 할 수 있겠다.

(출처: '행정기획이란 게 무엇을 뜻하는 거죠?'-네이버 지식iN)

5. 행정기획에 대한 프레젠테이션

1) 행정기획의 성격

（1） 지역사회(community) 이상의 거시적 차원에서 수행되는 기획을 대
상으로 한다.
（2） 발전목표의 성취를 지향하는 활동을 말한다.
（3） 경제개발뿐 아니라 정치적 사회적 여러 측면의 발전을 포괄하는 광
범한 영역에 걸쳐 이루어진다는 점이다.
    ex） 사회기획(social planning), 통합기획(unified planning)
（4） 발전기획 장래에 예상되는 복합적인 문제에 대처하기 위해 혹은 발
전추세를 가속화하기 위해서 사용되기도 한다.
    ex） 도시개발, 국제수지개선, 사회복지, 완전고용
（5） 국민의 동의지지 획득수단－통치의 정당성 확보수단

2) 행정기획의 용도

－ 전국적, 대규모, 공익성, 형평성, 공동체 지향의 사업에서…….

（1） 전반적인 국가사회의 경제안정과 성장의 지침이다.
（2） 인구 규모에 따른 공공서비스의 공평 제공(국가방위, 주택, 고용,
보건)
（3） 대규모 투자사업, 투자비 회수의 어려움과 낮은 수익성으로 인해
민간부문에서 추진할 수 없는 사업의 담당(고속도로, 대중교통)

(4) 농촌 및 기업에 대한 보조(부문별 성장을 위한 지원, 신생기업)를 말한다.

(5) 시장 합리성의 불합리성을 보완하기 위한 소유제, 기업의 재산 등을 말한다.

보호(토지이용계획, 용도지역지구제, 환경오염 방지)

(6) 사회적 형평성 확보를 위한 소외계층을 위한 소득 재분배

(7) 지역개발을 위한 종합계획(다목적하천개발, 농촌종합계획)

(8) 사회적 공공이익에 근거한 시장합리성의 제한(자연생태계 보호)을 말한다.

(9) 시장합리성에 의한 피해자 보상(실직 및 실직근로자 보상)

(10) 시장합리성의 역기능적 결과의 개선(사회적 또는 지역적 불균형)을 말한다.

■ 기획의 그레샴 법칙(기획 체제의 한계)

- 그레샴 법칙(Gresham's Law): 악화가 양화를 구축한다.
- 일상적 업무나 수단이 쇄신적인 기획활동을 몰아내는 현상
- 조직의 선례, SOP 등에 따라 자동적으로 이루어지는 정형적 결정이 지배하고 있는 조직에서 나타남
- 쇄신적 · 비정형적인 · 비구조화되고 창조적인 기획작업의 장애물로 작용(특히 공공기관에서)
- 급변하는 환경변동에 적절히 대응하는 기획수립이 곤란
- 정치적 인식 및 행정적 지원의 미흡
- 원인: 인지적 제약, 자원의 부족, 조직의 관료화, SOP에의 의존

XV. 행정기획에 대한 단언

■ 공공성

√ 기획 : 정부나 공공기관이 주도 혹은 관련되어 있다.
√ 국가의 기능확대를 전제로 한 적극국가의 이념 바탕이 된다.
√ 적극적인 국가의 역할에 대한 통제수단으로서의 기준이다.
  – 공공통제 : 공공선, 공익추구라는 대명제하에서 기획활동이 이루어진다.
√ But, 공익이 무엇인지에 대한 결정에 앞서 그것을 누가 결정할 것인지에 대한
  문제가 더욱 중요하다.

■ 민주성

√ 의 미
  – 조직 : 개인의 자유, 개인 간의 평등, 분권화 등
  – 국가(거시) : 인간의 존엄, 사회적 형평, 정치참여, 통제
    ex) 신행정 : 사회적 형편(social equity)

√ 공통점
  – 기회의 평등성(내용)
  – 개인의 존엄성(내용)
  – 자신과 관련되는 결정에의 참여(과정)
  – 사회정의 등과 같은 민주적 윤리(내용)

√ 기획에 있어서의 참여의 필요성
  – 계획내용의 타당성 제고
  – 관련 당사자들의 이해관계 조정, 형평성(equity) 제고
  – 정보교환·토의 등 상호 작용을 통한 학습 효과
    ■ 정부가 어느 정도 개입해야 하는가?
    ■ 반집단주의(Anti-collectivism) = 자유주의
    ■ 소극적 집단주의(Reluctant-collectivism)
    ■ 사회민주주의(Fabian Socialism)
    ■ 마르크스주의(Marxism) = 사회주의

구 분	반집단주의	소극적 집단주의	사회민주주의	사회주의
사회가치	소극적 자유(개인주의, 불평등)	소극적 자유(실용주의, 인본주의)	적극적 자유 (평등)	적극적 자유 (평등＋우애)
사회조직	시장경제 옹호	시장경제보완	시장경제의 대폭수정	시장경제부정
정부의 역할	최소(개인주의)	——————————————▶		최대(국가)
복지정책	잔여적 모형 (선별주의)	국가최저 수준의 보장	보편주의 (복지국가)	복지국가 반대 (부익부빈익빈)

<표> 행정기획의 이념체계

이 념	하위이념	지향목적
공공성	행정성 적극성 공공통제성	조화, 발전을 위한 공공기능확대 공일을 위한 인위적 조정, 관리
민주성	계획내용의 민주성 기획절차의 민주성	국민복지의 증진, 형평추구 대표성 확보, 참여확대
효율성 (생산성)	효과성(외적 생산성) 능률성(내적 생산성)	발전목표의 달성 수단의 경제성 제고

■ 합리적인 국가에서의 행정기획

√ 다원주의 사회: 경쟁하는 집단들 간의 절충과 타협, 게임의 규칙을 준수하도록 하는 기획
√ 자유주의 사회: 시장을 통한 자유경쟁, 최선의 이익 창출을 위한 기획
√ 조합주의 사회: 정부와 사회조직들이 상호 역할분담과 협력을 통한 일관성 있는 계획 수립·추진

기획은 투명성 민주성 참여성이 있어야 한다. 이러한 사상이 밑에 있으면서 환경과 여건을 고려한 분석적이고 체계적인 방향으로 나아가야 한다.

기획은 한마디로 종합적인 행정인 것이다.

1) 사업별 계획(the project by project plan)이어야 한다.

2) 통합적 공공투자 계획(the integrated pubic investment plan)
   이 되어야 할 것이다.
3) 종합 계획(comprehensive plan)으로서의 역할을 감당하여야 한다.
4) 경쟁적 기획으로서 상호 발전을 위해 나아가야 할 것이며
5) 민주적 기획으로서 국민과 국가가 상생할 수 있는 행정기획이 되어야
   한다.

이를 위해서 유도기획을 사용할 수 있으며 때로는 예측기획이 될 수도
있다.

효과적인 기획이 되기 위해서는 1. 목적성의 원칙 2. 간결성의 원칙 3.
탄력성의 원칙 4. 안정성의 원칙 5. 균형성의 원칙 6. 경제성의 원칙 7.
필요성의 원칙 8. 계층성의 원칙 등을 살펴보고 점진적인 전략으로 절충성
을 기해야 할 것이다. 이를 위해 때로는 기획의 급진성도 필요하겠지만 급
진적인 기획은 문제를 야기할 소산이 생긴다. 이러한 일을 추진하는 기획자
는 행정가인 동시에 동원가, 중재자, 창도자라고도 할 수 있다. 그리고 기
획에는 仁義禮智가 있어야 한다.

신의성실에 입각한 기획을 세우고 더불어 잘살 수 있는 행정기획이야말로
더 나은 지역, 국가, 세계를 만들 수 있을 것이다.

【저 자 약 력】

⊙ 약 력 ⊙

1994. U.S.A. Midwest College (M.Div, Hon. D)
2002. 고려대학교 (교육정책학 석사 - 수석장학생)
2005. 성균관대학교 대학원 박사Candidate
　　　(교육행정학 전공)

한 만 봉

1991. 한국세무신문사 전문취재부 기자
1995. 한국어린이선교원신학교　캠퍼스 분교장
2002. 고려교육정책학회 상임회장(학진 학회검색가능)
2002. 고구려대학교 설립추진위원회 법인이사
2003. 한주신학 학술원 설립이사(교수)
2004. U.S.A. Cohen University 정책학과 cross-appointed professor
2005. U.S.A Holy People University Campus 유학담당 지도교수
2005. PHILIPPINE PRESBYTERIAN THEOLOGICAL COLLEGE
　　　객원교수
2005. 혜전대학 adjunct professor 교수
2005. 지방분권신문사 사장 (대표 이사)

⊙ 주요논저 ⊙

우리나라의 복지행정제도에 관한 고찰 연구(1988)
Kal Barth 의 신관 연구(1988)
한국 민중문화와 민중 신학 연구(1992)

Rein hold Niebuhr & Marx에 대한 상관관계 연구(1993)
A CHRONOLOGICAL HARMONY OF THE RESURRECTION
APPEARANCES OF JESUS THE MESSIAH(1994)
북한종교의 변화 전망 연구(2002)
교육위원회와 지방의회간의 갈등 현상에 관한 연구(2001)
조선조 과거시험 방식의 정책적 분석(공동, 2005)
조선의 과거제도에 대한 정책적 연구(공동, 2005)
조선왕조 과거제도 인사정책 연구(공동, 2005)
조선왕조 과거시험주기 정책적 주장 분석연구(공동, 2005)
조선왕조 과거제도가 현대 정책에 주는 의미(공동, 2005)
과거제도 시험주기의 정책 분석연구(공동, 2005)
북한 종교지형 변천 정책 분석연구(공동, 2005)
『대학생활영어 ENGLISH LANGUAGE』(공저)
『행정경제교육』(저술)
『의원학』(저술)
『국회의원학』(저술)
『교육정책학』(저술)
『산학협동교육학』(저술)
『현대교육학실기론』(저술)
『현대환경행정론』(공저)
『행정사무관리론』(공저)
외 다수

⊙ 연락처 ⊙

doctor@skku.edu 010-4432-8561 041-633-8561,
633-5741, 631-2094

행정정책기획론

• 초판 인쇄	2007년 1월 2일
• 초판 발행	2007년 1월 2일
• 지 은 이	한만봉
• 펴 낸 이	채종준
• 펴 낸 곳	한국학술정보㈜
	경기도 파주시 교하읍 문발리 526-2
	파주출판문화정보산업단지
	전화 031) 908-3181(대표)·팩스 031) 908-3189
	홈페이지 http://www.kstudy.com
	e-mail(출판사업팀사업부) publish@kstudy.com
• 등 록	제일산-115호(2000. 6. 19)
• 가 격	24,000원

ISBN 978-89-534-6186-4 93350 (Paper Book)
978-89-534-6187-1 98350 (e-Book)